幽默沟通技巧

在任何场合说服任何人

李世强◎编著

中国商业出版社

图书在版编目（CIP）数据

幽默沟通技巧：在任何场合说服任何人 / 李世强编著.
—北京：中国商业出版社，2016. 9
ISBN 978-7-5044-9595-2

Ⅰ. ①幽… Ⅱ. ①李… Ⅲ. ①人际关系—通俗读物
Ⅳ. ①C912. 11-49

中国版本图书馆 CIP 数据核字（2016）第 231191 号

责任编辑：武文胜

中国商业出版社出版发行
010-63180647 www. c-cbook. com
（100053 北京广安门内报国寺 1 号）
新华书店总店北京发行所经销
三河市华润印刷有限公司印刷
★ ★ ★ ★ ★
710×1000 毫米 1/16 15 印张 167 千字
2017 年 1 月第 1 版 2018 年 9 月第 6 次印刷
定价：38. 00 元
★ ★ ★ ★

序

Preface

幽默感是一种美德。富于幽默感的人，生活阳光，处处能发现幽默元素，处处能发现欢乐，不仅个人生活丰富多彩，而且在人际交往中也颇受欢迎，跟任何人都能聊得来，能在任何场合说服任何人。

幽默是快乐生活中不可或缺的智慧。缺乏幽默感的人常对听笑话不甚理解，他们会因为自己缺乏幽默感而产生误会，不仅享受不到快乐，丧失了进一步沟通的良好机会，还会给沟通制造一些不必要的障碍。因此，他们想要将自己的想法顺利传递给对方，进一步说服对方，实现自己的目的，就会变得非常艰难。

在社交中，人的幽默感不仅能使沟通顺利进行，还会增强个人魅力，让自己处处受欢迎，为人处事顺风顺水。因此，很多人都认为，幽默感强的人思维敏捷、聪明睿智、文化修养高、知识面广，是值得亲近和学习的人。

谁都喜欢跟快乐开朗的人交朋友，谁都不会拒绝相处起来让人舒服的人。在社会生活中，有些人事业顺利，并不一定是智商和能力遥遥领先别人，而是他们的情商高，同时具有幽默感，能给相处和交往的人带来舒服和轻松感。因此，为实现自己的目的时，他们能顺利说服对方认同自己，至少也能说服对方不成为自己事业成功道路上的障碍。

人生最大的成功就是做自己想做的事。我们除了自身努力外，还需要通过沟通或者谈判，去争取或者说服他人提供便利，至少不能成为阻碍。而实现这些，除口才外，幽默感是影响力巨大的软实力。掌握幽默沟通技巧，让自己成为具有幽默感的人，是那些能在任何场合说服任何人的成功者秘诀。

本书通过多个幽默案例分析教给我们如何将幽默运用到细微之处，如何将幽默应用在各个领域、各种场合，让我们熟练掌握幽默沟通技巧，从而成为一个有魅力的人。

目录
Contents

Part 1

给生活加点料：没有幽默，人生缺少多少欢乐

幽默是一个让我们摆脱外界事物影响，从内心快乐起来的法宝。当情绪不高时，我们不妨幽默一下，换一种方式，换一个心情，将会发现意外的惊喜。因此，我们从点点滴滴做起，学会幽默，就能保持乐观心态。

好心情生活才会发亮，懂幽默世界才充满快乐

幽默能给人们带来轻松。在遇到困难和挫折时，幽默可以缓解人们内心的紧张和焦虑。在这种状况下，善用幽默的人通常有乐观处世的心态，无论遇到什么棘手的问题，都会幽默一下，借以调整自己的情绪，保持良好的心态。

有一次，美国第 26 任总统西奥多 · 罗斯福的许多东西被偷了。朋友写信安慰他，他却在给朋友回信中说："谢谢你来信安慰我。我现在很平静。这要感谢上帝，因为：第一，贼偷去的是我的东西，而没有偷去我的生命；第二，贼只是偷去了我一部分东西，而不是全部；第三，最值得庆幸的是，做贼的是他，而不是我。"

西奥多 · 罗斯福如此幽默，丢失东西的烦恼自然就没了。

幽默跟人的心态有关。常有人自问："为什么他说话风趣幽默，而我就不行呢？"此时，我们先不必为自己不善幽默而烦恼，需要仔细审视一下自己的内心。因为，一个消极悲观的人，是永远无法笑起来的；一个充满狐疑的人，在言谈中也难以透出暖融融的春意；一个整天心情抑郁的人，话里肯定有解不开的心结。没有一个阳光的心

态，没有对待生活的豁达态度，没有对自身力量的绝对自信，幽默就是无根之木，无源之水。

君不见，那些积极乐观的人，不管遇到什么事，都能幽默地面对。因为他们大多为人宽容，不斤斤计较，懂得与人为善，即使被人伤害了，也不会针锋相对，也不沉溺于痛苦悲伤，而是能从中发现幽默元素，让自己生活多一些阳光，少一些阴暗。

林肯是个幽默的人。他从来不遮掩自己。有人笑话他父亲是个鞋匠时，林肯笑笑说：“不错，我父亲是个鞋匠，但我希望我治国能像我父亲做鞋那样娴熟高超。”

林肯善用最通俗的语言来表达最深刻的道理。他被人最常引用的名言是：“你可以在任何时候愚弄某些人，也可以有时愚弄所有的人，但你不可能总是愚弄所有的人。”

幽默性格造就了林肯乐观心态。林肯一生饱经风霜，坎坷异常，但他没有被击倒，仍乐观地等待明天。

纵观林肯一生，快乐的日子要远远少于悲痛、心烦的日子，但他仍旧没有被击倒，顽强与那些给他生活带来麻烦的人和事做斗争。这一点，就连他的对手都敬佩不已。道格拉斯这个两次击败过林肯的竞选对手在评价林肯时说：“他是党内强有力的人物，才智超群，阅历丰富，他是西部最优秀的竞选演说家。”

的确，幽默能让人忘却痛苦，让人情绪变得好起来。善于幽默的人，即使遇到不开心的事，也会从中找到开心的因素，从而让自己的情绪永葆开心，不受外界因素的影响。

有一天夜里，一个小偷进入巴尔扎克的房间，并在他写字台抽屉里翻找值钱的东西。

小偷有点儿不太专业，翻弄的声音太大，把睡梦中的巴尔扎克给吵醒了。此时，如何处理这一突发事件，无论对小偷，还是对巴尔扎克，都是一个考验。

“哈哈……”出乎意料的，醒来巴尔扎克躺在床上大笑起来。

小偷惊慌失措，满腹狐疑地问：“你笑什么？”

又笑了一会儿，巴尔扎克才说：“我的好伙计，在我白天都找不出一枚硬币的抽屉里，你居然打算在黑夜从里面找出钱来！”

他如此一说，小偷也忍不住笑了。原本有可能发生冲突的场面就这样被巴尔扎克的幽默给化解了。

巴尔扎克一生多有坎坷，年轻时就债台高筑，经常因一点面包、蜡烛和纸张而烦恼。他一生的创作都在痛苦和贫困中度过，而且几乎得不到任何人理解。他说：“债主迫害我像迫害兔子一样，我常像兔子一样四处奔跑。”然而，在这样艰难的条件下，巴尔扎克仍然保持着一颗积极向上的心，让自己时刻笑对人生。在他的作品中，虽然可以看到最辛辣的讽刺，但也能看到他的讽刺都包裹着一层幽默的外衣，使读者在欢笑之余领悟真谛。这些都跟他的幽默紧密相关。

幽默是一个让我们摆脱外界事物影响，从内心里快乐起来的法宝。幽默的人心态乐观，遇事能朝着积极健康的方向去想。这样的人，不管一生际遇如何，都必定会跟快乐为伍，无论走到哪里，都会因其幽默感而显得开朗大度，而深受人喜欢。

有一位智者说过：“生性乐观的人，懂得在逆境中找到光明。生性悲观的人，却常因愚蠢的叹气，而把光明给吹熄了。”当我们懂得生活的乐趣，就能享受生命带来的喜悦。因为，烦恼重重的人，芝麻小事都会困住他。想解脱的人，天大的事情都束缚不了他。

幽默能吹散内心的愁云

俗话说："笑一笑十年少，愁一愁白了头。"烦心的愁事在心头萦绕时，我们就会无精打采，心事重重，茶不思饭不想，既耽误工作，又影响学习。

其实，为一些事发愁是没必要的。因为发愁解决不了任何问题，却使自己的情绪一落千丈，甚至还会造成其他负面影响。人一生要做的事太多，而人的生命又是有限的，如果把宝贵时光都浪费在犯愁上，是非常不明智的。此时，最明智的做法，就是幽默一下，迅速将心头的愁云驱散，然后想办法解决面临的难题。

最近半年的时间，由于受经济危机的影响，小李的公司一直没有给员工发奖金。中午休息的时候，小李在办公室里感慨："现在日子不好过啊，压力大啊，真是恨不得把一块钱掰成两半花。"

同事刚子听了，一本正经地对小李说："哥们儿，别费那劲了，我试过，根本掰不动。"

刚子一句话让整个部门的同事哈哈大笑。

借助轻松的一句幽默，让烦恼的小李立刻开怀起来，办公室气氛也愉悦了。相反，假如刚子也跟着小李一起感叹薪资的压力，只会让全部门的同事都跟着郁闷和烦恼，而这样对解决薪资问题毫无帮助。

竞争激烈的今天，我们背负较大生存压力是很正常的，只要处理得好，压力可能就会转化为动力。反之，不仅会使人心烦意乱，还会丧失工作的积极性，使压力变成阻力。如今，减压已成为现代流行词汇中使用频率最高的一个。如果希望自己的工作更加有效率、更加轻松自如，你可以试试用幽默疗法来解决烦恼。

因为，人生每一步都会有事情发生，随时随地都会面对问题。如果我们只会烦恼，只会悲伤的话，我们的人生就会被悲观情绪所左右，我们的世界也会因此变得一片黑暗；如果我们拥有积极阳光的心态，人生就会被快乐所主宰，做起事来也会变得轻松愉快，处理事情也就会得心应手。

王华从朋友那里买了一个新电表。装好之后，他才知道电表有问题，转得太快。他去找朋友时，才发现朋友到新疆出差了，要一周左右才能回来。王华没有办法，只好等着。

等朋友回来后，王华马上把他带到家里。

"回来了，新疆远不远?"

"远啊，走好几天呢。"

"怎么去的，花了多少路费?"

"火车呗，花了300多元。"

"嗨！早知道如此费工夫还花这么多钱，我这儿有个快的宝贝，让你坐上多好呀!"

"什么宝贝？是你的?"

"是啊，你看你坐火车干吗呀？多受罪。好几天才能走300块钱的。我这个可快多了，一天就走了300块钱的。"

说完，王华便把朋友带到电表跟前："以后，我去哪儿，绝对不用坐火车了。你送来的这个电表跑得快着呢!"

也许很多人都会遇到跟王华类似的烦恼，但大部分人选择了错误的方式，结果使问题越来越复杂，不仅不能解决问题，反而使自己更烦恼。看看王华的幽默，不失为一种最好的方式。

人生中总会出现困难和烦恼。有的人会在窘境中挣扎，会在失意中蹉跎，甚至会被突然而至的暴风雨击倒。有的人借助幽默乐观的心态，以一种有益的方式对待人生中的困难与烦恼，使自己在人生路上轻装前行，最终通过了生活的种种考验。幽默的心态就像一种缓冲机制，使人远离对抗、失望和悲观的情绪；也类似于一种默契形式，使人用宽容、发展的眼光看生活。

幽默大师查理·卓别林说："幽默是智慧的最高体现，具有幽默感的人最富有个人魅力，他不仅能与别人愉快相处，更重要的是拥有一个快乐的人生。"我们要缓解压力，驱散心中的愁云，让自己变得快乐轻松起来，幽默是最好的精神食粮。

在第二次世界大战中，许多奔赴欧洲战场的士兵随身只携带两本书，一本是《圣经》，另一本就是美国"幽默学之父"罗伯特·斯坦恩编写的《幽默的艺术》。带《圣经》，那是因为他的宗教信仰需要，而带《幽默的艺术》，则是士兵们利用看这本书来驱散战争笼罩在心头的乌云。

不仅是身处战争状态中的士兵需要用幽默来化解心里愁云，我们在生活中遇到发愁的事，也需要用幽默化解愁云。

在人际交往中遇到难题，你就多与人接触，在和别人接触中展现自己的幽默，欣赏他人的幽默。接触长久了，彼此关系逐渐融洽了，玩笑与幽默更加自然了，心头的愁云也就消解了。

你心情很糟时，看什么事都不顺眼，自然做什么都不得心应手。

此时，你幽默一下，缓解一下压力，再回头看看，你会发现愁云不见了，快乐也不知不觉地来到你身边了。

幽默是一杯清茶，滋润你的心田；幽默是一块糖，让你备感甜蜜；幽默是一阵清风，让你展开笑颜；幽默是一抹阳光，为生活增色添彩；幽默是一场演出，彰显你的魅力；幽默是一种力量，让你绝处逢生。因此，在生活中遇到不幸时，我们要幽默地看待、诠释、回答生活——你给生活幽默，生活给你阳光和快乐。

幽默的品格，使人生更加豁达

幽默是一种豁达的品格。幽默能使人的性格变得活泼开朗，生活轻松愉快。

人人都喜欢幽默，然而，要在短时期内变得幽默起来，却不是一件很容易的事。幽默不是三言两语即可传授的，它是睿智的体现，是一个人的思想、学识、智慧、灵感在语言中的艺术化表现。在日常生活中，我们不仅能够对他人幽默，也能够对自己幽默。

那么，究竟怎样做，才算是拥有豁达幽默的品格呢？

有一年在中央电视台的春节联欢晚会上，当台湾影星凌峰出现在晚会现场，取下帽子向观众行礼时，看到他那颗又圆又光的脑袋，晚会气氛活跃了许多。紧接着，他说：“在下凌峰，我和文章不一样，虽然我们都得过‘金鸡奖’和‘最佳男歌星’称号，但是，我是以长得难看而出名的。”

这一段精彩的即兴发言不仅为凌峰获得了热烈的掌声，更让大家在他真挚的自我解嘲中，看到了他豁达的胸襟幽默的品格。

“两年多来，我在大江南北走了一遍——拍摄《八千里路云和月》，所到之处呢，观众给予我们很大的支持，尤其男观众对我的印象特别。因为他们认为本人的长相像中国，五千年的沧桑和苦难全都写在我的脸上。一般来说，女观众对我的印象不太良好，有的女观众对我的长相已经达到了忍无可忍地步——她们认为我是人比黄花瘦，脸比煤球黑。但是，时代在变，潮流在变，审美观念也在变。如果你仔细地归纳一下就会发现，现在的男人基本上分为三种：‘第一种你一看上去很漂亮，可看久了以后，就觉得他没有什么男人味道，这一种就像我的好朋友刘文正；第二种你看上去很难看，看久了是越看越难看，这一种就像我的好朋友陈佩斯；第三种你看上去很难看，看久了以后你会发现，他有另外一种男人的味道，这种就是在下我。’鼓掌的都表示同意了！”

有人说，幽默就像一个精灵，它随时出现在我们的周围，让人们汲取着它的灵气。它以愉悦的方式表达出说话者的真诚、大方和心胸豁达。人类在长期的艰难困苦中对语言千锤百炼，才有了轻松简洁、情趣盎然的幽默语言。

豁达的品格表现在幽默上的形式是多种多样的，一般有自我嘲讽、旁敲侧击、谐音双关、借题发挥等。如若运用得法，肯定会收到奇妙的效果。

美国前总统里根是一个品格豁达、极富幽默感的人。他自己曾经这样说：“在生活中，幽默促进人体健康；在政治上，幽默有利于自己的形象和得分。”

里根自己就有许多以幽默解脱尴尬的事例。

里根总统第一次访问加拿大时，有一天正在某地举行演说，举行反美示威的人群不断高呼反美口号，使他的演说不得不中断。陪同他的加拿大总理皮埃尔·特鲁多见此情景，觉得示威人群对美国总统太不尊重，感到难为情，眉头紧皱。不过，面对如此难堪场面，里根仍然一脸轻松。

里根满面笑容地说：“这种事情在美国时有发生。我想这些人一定是特意从美国来到贵国的，他们想使我有一种宾至如归的感觉。”

紧皱双眉的特鲁多听了这话，也跟着开怀笑了起来。

看起来，遇到尴尬场面时，除了运用幽默去冲淡那种气氛外，你别无选择。

除了大人物外，平凡的小人物具有幽默品格，生活中不仅会少几分摩擦，还会多几分欢乐的。

在公共汽车上，因突然刹车，一位男青年无意中撞了一位女士。女士愤恨地说：“德性！”男青年被她这话激怒了，一场争端迫在眉睫。

这时，旁边一位大爷说了一句话：“不是德性，是惯性。”

车上的人顿时哄然大笑。女士不好意思地低下了头。男青年也诚恳地表示了歉意。而车上烦闷、紧张的气氛也因此一扫而光。

又如，在一次盛宴招待会上，服务生倒酒时，不小心将啤酒洒到一位宾客的秃头上。

服务生吓得脸色都变了。全场人手足无措，目瞪口呆。

没想到那位客人却诙谐地说：“老弟，你以为这种酒能治疗脱发吗?”

在场的人闻声大笑，尴尬局面一下子被打破。

宾客的幽默向大家展示了自己的大度胸怀，又巧妙地为服务生摆脱了窘境，使招待会能愉快继续下去。

一位俄国作家曾经说过：“生活中如果没有哲学还可以对付过去，若是没有幽默，那就只有愚蠢的人才能生存。”话虽然多少有些绝对，但足以说明幽默对人们精神生活所起的重要作用。

当然，不懂幽默的人，也无法拥有豁达的品格。幽默与乐观是孪生儿，幽默中渗透着坚强的意志，展示了人乐观豁达的品格。

幽默不只改变心情，更能够治愈你的身体

据医学研究，笑对人体各部器官都有好处，特别是心理情绪的调整。幽默是引我们发笑的“原动力”，能帮助人们忘掉烦恼或者把烦恼减到最低程度。因此，幽默对于人的精神健康有调节作用。

正因如此，医学界将幽默引入治疗中。专家们认为，幽默能够治疗的原理主要是笑。因为一个人笑时，其膈膜、胸部、腹部、心脏、脾部甚至肝脏都会引起短暂的运动，能起到消除呼吸系统中的异物，刺激肠胃，加快血液循环，提高心跳频率的作用。同时，笑可以缓和厌烦、紧张、内疚、沮丧的情绪，减轻头疼和腰背酸痛程度。

更为重要的是，笑可以促使体内的某些激素（如肾上腺等）分

泌。这些激素可能会对机体产生有利影响，同时又会促使体内某些麻醉因子的释放，从而缓解疼痛，减轻关节炎等病症所引起的不适。

美国斯坦福大学的精神学家威廉·弗赖恩博士说，生活中如果没有笑声，人就会生病，并且会日趋严重。幽默则能激起内分泌系统的积极活动，从而有效地解除病痛。

最常见的，幽默能使人紧张的神经得以放松。在医疗过程中，患者的情绪容易紧张，而紧张不仅不利于医生治疗，还会影响其病情。因此，很多医生都会通过幽默消除患者的紧张情绪。

医生的电话铃响了。一位先生在电话中惊慌地说："喂！喂！大夫先生，请你赶快到我家来一趟！我儿子不慎将我的微型钢笔吞下去了！"

"好吧，我就来。"医生对那位万分紧张的父亲说。

"大夫先生，在你到来之前，我应该怎么办?"

"你可以先用铅笔写字。"

医生的一句话缓解了患者亲属的紧张心情，使他不至于在慌乱之中无所适从，从而影响患者的康复。

一个恰当的幽默是成功治疗心灵疾病最好的药物。昂里埃特·比妮耶曾经说过："幽默是我们身体中最理智的一部分，是治疗剂。幽默使我们驱逐恐惧，使我们发泄对权威的不满，使我们补偿自己的不足，使我们为自己的失败复仇。您的心理分析家曾经总是这样告诫您：'如果我们不在厄运面前发笑，我们就会从窗口跳楼自杀，或跑去扼杀同楼的邻居。'幸好，我们中间的多数人会笑，所以死亡率大大减少。"

我们很难把幽默和笑给彻底分开。笑就像幽默的伴生品。有幽默的地方必有笑。而笑却能治疗或者减轻很多病痛。一些高明的医生常常借助笑来给人治病。

在清朝时，有一位巡按，长期患精神忧郁症，看了许多中医，都没有见效。

这一天，他因公走水路经过山东台儿庄时，忽然犯了病。地方官员推荐一个当地有名望的老中医为他诊治。

诊脉后，老中医说："你患了月经不调症。"

巡按一听，大笑不止，直呼"你定是老糊涂了"。

后来，每想起此事，巡抚都要大笑一阵。谁知，过了一段时间，他的精神忧郁症竟然自己好了。

又过了几年，巡按再一次路过台儿庄时，想起上次看病之事，就特意来找老中医，想取笑他一番。

见面之后，老中医说："您患的是精神忧郁症，并无良药可治，只有心情愉快，才能尽快恢复健康。我是故意说您身患'月经不调症'，让您常发笑的……"

巡抚听到此话，才知道自己误解了老中医，并由衷佩服他幽默机智了。

据一份医学研究报告显示，笑口常开可以防治传染病、头痛、高血压及过度的压力，因为幽默引发的笑声能增加血中的氧分，并刺激机体的内分泌，对抵抗病菌的侵袭有明显的疗效。而不笑的人，患病几率较高，且以重病居多。

美国作家卡森斯曾在《星期六评论》杂志担任编辑。由于多年日夜操劳，他患了一种严重的病——结核体系并发症，身体虚弱，行动不便，极其痛苦。尽管多方求医，但收效甚微。不少业内专家都断言为“不治之症”。

后来，卡森斯听从一位朋友的建议，在接受必要药物治疗基础上，采用幽默疗法。他搬离了毫无生气的医院，住进一家充满欢声笑语的旅馆，常常看一些喜剧片，跟朋友们进行幽默对话，听大家讲幽默故事，使自己每天都处于轻松欢快、无忧无虑的状态，每天都大声笑上几回。

卡森斯发现，一部10分钟的喜剧片可以让他拥有两小时无痛苦的睡眠。令他更为惊喜的是，笑可以减轻发炎，而且这种“疗效”能持续很长时间。

与此同时，他还辅以适当的营养疗法。仅仅几个月，奇迹出现了，卡森斯的病症居然消失了。

根据自己战胜病魔的经验，卡森斯开出一张“幽默处方”，并取名“卡森斯处方”。其中，有这样几句话：“请认清每个人都有内在的康复功能。充实内在的康复能力。利用笑制造一种气氛，激发自己和周围其他人的积极情绪。发展感受爱、希望和信仰的信心，并培养强烈的生存意志。”

不难看出，这段话的核心是以笑来激发生活的力量、生存的意志、康复的能力，进而增强自身精力，战胜病痛。

所罗门王有一句名言：“心中常有喜乐，恰如身体常保健康。”而现实中的无数事实也告诉我们，幽默有助于健康长寿。因为幽默的人心情好，处世乐观积极，能远离疾病。

Part 2

幽默是门技术活儿，是智慧的迸发

幽默并非随口聊天，它有很多技巧。无论从事什么行业，身居何职，你能巧妙运用幽默的力量，就能让幽默助你一臂之力，使你的工作和事业顺利地发展，使你的社会交往更广泛，有助于摆脱各种不利处境。

巧妙做个比喻，为幽默涂上一层营养

比喻，就是打比方，即以彼物比此物。在说明一个事物时，不是直接去说，而是通过描述或说明另一个事物来达到目的。这样，用人们比较熟悉的东西来描述、解释人们不熟悉的东西，目的是为了减少理解障碍。

人生在世岂能尽如人意，生活中难免总是有许多无奈、愁苦与悲伤，但幽默而乐观的人，始终会“一笑解千愁”，秉持“笑看天下古今愁，了却人间许多事”的生活态度，以一个个精妙的比喻去笑着应对风雨，迎接阳光。

我国自古以来就有以精妙的比喻来引出幽默的传统。曹雪芹在《红楼梦》中这样描述：凤姐不知从哪里拿来一碗鸽子蛋，放在桌子上，正对着刘姥姥。贾母刚说了一声“请”，刘姥姥便站起身来，高声说：“老刘老刘，食量大如牛；吃个老母猪，不抬头！”说完，自己便鼓着腮帮子不语。

众人乍一听先是发怔，后来想明白了。上上下下都大笑起来，其状可不一般。湘云实在撑不住，一口茶都喷了出来。林黛玉笑岔了气，伏着桌子只叫“哎哟”。宝玉滚到贾母怀里，贾母搂着叫心肝！王夫人笑得用手指着凤姐儿却说不出话来。薛姨妈也撑不住，口里的茶喷了探春一裙子。探春的茶碗都合在迎春身上。惜春离座位，拉着奶妈叫揉揉肠子。

就此，我们可以看出精妙比喻作为幽默笑话的神奇威力——它可以让别人开怀大笑，也可以让讲幽默的人以笑解愁，自己开心起来。

生活中，我们也常有这样的体会，一个巧妙的比喻，可使笑语满堂，气氛和谐而轻松，让人忘却所有烦心事。比如，在旅游登山时，用一个不错的比喻，引出一阵嘻嘻哈哈，顿使人倦意全消，鼓劲前行。

恩格斯曾经说过：“幽默是具有智慧、教养和道德的优越感的表现。”幽默能表事理于机智，寓深刻于轻松，给周围的人以欢笑和愉快。幽默运用得当时，能为谈话锦上添花，让人轻松之余又深觉难忘。

有一位诗人叫石曼卿。他举止放荡，善于用诙谐比喻来制造幽默。

石曼卿喜欢骑马。有一次，他骑马游玩时，牵马人一时没有控制好马，让他从马上摔下来了。侍从人员连忙把他搀起来扶上马鞍。牵马人以为他一定会大发雷霆，痛骂或者惩罚自己。不料，石曼卿却慢悠悠地扬起马鞭，半开玩笑地对牵马人说：“幸亏我是石学士，如果是瓦学士的话，岂不早被摔碎啦？”

众随从听到此话，大笑不止。

这样的幽默，既显示出石曼卿是一个大度之人，同时也不失他的面子。

运用精妙比喻的幽默，会让一个人有苦中作乐的精神。伤残疼痛，本来苦不堪言，可是有志之士，有识之人，同样乐观。当不幸袭来时，保持幽默感，一笑了之，就已经意味着胜利了一半。

在莫里哀的喜剧《太太学堂》里，阿南解释人为什么“吃醋”，为什么生气。

阿南说：“我给你打个比喻，你就清楚了。你端着一碗汤，来了一个饿鬼，要喝掉你那碗汤，你不但生气，还要揍他，你说对不对?”

尧回答说：“对，这话我懂。”

阿南又说：“‘吃醋’完全跟这一样，女人确实就是男人的汤。一个男的看见别人有时候想尝尝他的汤呀，马上就大发雷霆。”

思想的对象同另外的事物有了类似点，就用另外的事物来描述思想的对象；即用某一个事物或情境来比喻另一个事物或情境。比喻之所以能制造幽默氛围，是由于它往往用意料之外、又在情理之中的话语使人获得“豁然贯通”的美感享受，或是混淆崇高与鄙俗的区别，使得情感郁积得到巧妙释放，从而转化为幽默。

我们讲话是为了阐述道理，要把那些生硬、枯燥的理论表述得生动具体，使别人印象深刻，这本来就不是一件易事。但是，如果能运用贴切的比喻，就能化难为易，几句简单的话就说明深刻道理，极具说服力。

把芝麻说成西瓜，夸张一下笑料更足

夸张，很容易让听者展开联想，从而产生幽默效果。在生活中，我们经常把“夸张”的语言表达方式称之为“吹牛”，正所谓“牛在天上飞，人在地上吹”。

在日常交际中，或为了虚荣，或为了增强语言表现力，许多人把很小的事情夸大了说，似乎这样可以展现自己卓越的口才，还可以达到幽默效果。

事实上，适度夸张能使人或事物的形象或特征更加突出，给人的感觉更加强烈，从而使人受到话语的感染而投入更多注意力。在讲话时，为了表达需要，我们在尊重客观事实的基础上，故意言过其实，夸大或缩小一些人或事的某方面特征，从而形成强烈的对比效果。当你读到李白“飞流直下三千尺，疑是银河落九天”的诗句时，你就不能不用心去体会庐山瀑布那从天而降、磅礴的气势——由于夸张手法的运用，瀑布的美震撼了人心。

当然，适度夸张是在某些方面“言过其实”，但又需要有真实来作为基础，这样才有利于突出事物的特殊性，进而激发听众的想像，突出个性形象，从而达到幽默效果。

一个法国人、一个英国人和一个美国人在一起吹嘘他们国内的火车如何快。

法国人说："在我们国家，火车快极了，路旁的电线杆看起来就像花园中的栅栏一样。"

英国人忙接上说："我们国家的火车真是太快了！得往车轮上不断泼水，不然的话，车轮就会变得白热化，甚至熔化。"

"那又有什么了不起！"美国人不以为然地说，"有一次，我在国内旅行，我女儿到车站送我。我刚坐好，车就开动了。我连忙把身子探出窗口吻我女儿，却不料吻到了离我女儿6英里远的一个满脸黑乎乎的农村老太婆。"

在跟人交流过程中，用夸张的说话方式给予巧妙暗示，极易产生特殊的幽默效果，既不伤双方和气，又能表明自己的看法和意图。

另外，夸张制造出来的幽默通常会带有一定的讽刺意味。

有一次，马克·吐温乘火车到一所大学讲课。讲课的时间已经快要到了，他非常着急，但是火车却开得很慢。于是，他想出了一个发泄怨气的主意。

等列车员过来查票时，马克·吐温拿出一张儿童票给他。

这位列车员也挺幽默，故意上下打量了一番，说："真有意思，看不出您还是个孩子呢！"

马克·吐温幽默地回答说："我现在已经不是孩子了，但我买火车票时还是个孩子，火车开得实在太慢了。"

火车开得确实是有些慢了，但也不可能慢到让一个人从小孩长成大人。马克·吐温想表达的是车速太慢，但他没有直接将自己的不满对乘务员抱怨，而是巧妙地对火车的缓慢程度做出了无限制的夸张，令人捧腹大笑，并在相对轻松氛围里委婉地提出了自己的抗议。

一个初学写作的青年，给马克·吐温写了封信。信里面说："听说鱼骨里含有丰富的磷质，而磷质最能补脑子，那么要想成为一个作家，就必须得吃很多的鱼了。”

他又问马克·吐温：“你是不是吃了很多鱼？吃的是哪种鱼呢?”

在回信中，马克·吐温告诉他：“看来，你要吃一条鲸鱼才可以。”

大家都知道，鲸鱼是最大的“鱼”，看见这里的夸张已经达到了极限，甚至让人觉得有些荒谬，但这种幽默却收到了良好效果。

夸张本身就是荒谬的。当我们在讲述一件荒谬的事情时，那肯定是引人发笑的。夸张本身包含了不协调因素，这就会产生强烈的幽默效果。当然，人们之所以会笑，那是因为他们知道夸张是不可能成为事实的，于是乎，才有了夸张后的想像与事实之间的差距，这样差别越大，幽默的效果就越明显。

有一天，国王觉得无聊，对杰克说：“如果你能讲一个我从未听说过的谎言，我会赏给你100枚金币。”

“好吧，一言为定!”杰克说完开始胡吹。

“从前，我家有一头骡子。一天，它挣断绳子逃了出去。我四处寻找，哪儿都没有找到。过了几天，我从集市上买回一个大西瓜，拿回家切开一看，我那只逃出去的骡子竟然躲在西瓜里给王后补破鞋呢。”

国王听后，笑了笑，说：“这种谎言我听得多了，并不新鲜。你只不过把自己的妻子说成王后而已。”

杰克又开始讲新的谎言：“一天，我和父亲乘坐的船在大海上航行。突然，遇到了一只海盗船。海盗追上了我们的船，我抢过了舵轮，把船开进了一条大鲸鱼肚子里。海盗船也跟着追进了鲸鱼肚子里。我悄悄对鲸鱼说：‘我们这条船大，你消化不了，那条海盗船小，你完全可以消化。’鲸鱼听了我的话，觉得有理，就把海盗船吃掉，把我们的船给吐出来了。”

“这种吹牛的话我也听过不少。请你讲一个我从未听过的吧！”国王说道。

“好吧，那我就给您讲一个真实的事。一天，我在先父留下的一本书里，发现了一张借据。那借据是您父亲也就是已故老国王亲笔写的。老国王曾经向先父借过 1 万枚银币。您现在应该把您父亲借我父亲的 1 万枚银币还给我。”杰克从容地说。

“萨利姆，你这是胡说八道！我可从来没听说过有这种事。”国王恼怒地叫嚷起来。

“对了。我讲的就是您从来未说过的。请您赏给我 100 枚金币吧！”杰克笑了笑说。

夸张是一种包含幽默元素的修辞方法。一旦人们开始夸大事实，那就表示幽默会来了。夸张的作用是用言过其实的方法，突出事物的本质，或者加强说话人的某种情绪，以此来烘托气氛，引起听者的联想。在通常情况下，夸张可以引起听者丰富的想像以及强烈的共鸣。在日常交际中，夸张是运用想像与变形，夸大事物的某些特征，说出惊人之语。

当然，在运用夸张手法时，我们必须以客观实际为基础，在不失去真实感的前提下进行夸大或缩小，绝不能无中生有，信口开河，把事物过分夸大或缩小。

另外，夸张还应该必须结合特定的目的与场合而用：如果在一些较为严肃的场合，就不宜用夸张的语句；如果在较随意的场合，就可以灵活地运用夸张手法，以活跃气氛，增加谈话的趣味。

故事走向歪路，“不正经”惹人发笑

俗话说：“理不歪，笑不来。”有时候，幽默是因为语义的转向而产生的。当一句话的意思被误解成另外一种意思时，就会导致语义迁移，从而产生幽默效果。

有一个医学院的学生期终考试不及格。补考时，为了给他一个及格的机会，老师就提了一个非常简单的问题：“《本草纲目》的作者是谁？”

谁知，那个学生听了毫无反应。

老师生气地喊：“李时珍，你听见没有？”

学生听了，赶紧拔腿就走。

老师惊奇地叫住他，问：“喂，你为什么走呀？”

“您不是在叫下一个学生了吗？”学生幽默地回答说。

在这个案例中，“李时珍”这个词语的意思本来是不需要多作解释的，他是《本草纲目》的作者。不过，它在这里却产生了歧义。可能是这个学生学习成绩太差，连这样基本的常识都不知道，甚至把“李时珍”当作同学名字，让人听了既好气又好笑。当然，这种幽默应该是纯粹误会的幽默，并不存在什么思想内容。

有时候，我们还可以歪解经典，把那些被众人所知的历史英雄故事通过词义的曲解成现实生活中的语言。这两者的距离是遥远的。当然，这样的距离越远，所产生的喜剧效果就越大。

比如，武侠小说作家金庸曾在短篇小说《越女剑》中对“西施捧心”作了这样的解释：西施是被牧羊女的剑气伤到了心脏，所以才有了西施捧心，然后被东施效颦。我们都知道，西施是因为生病了胸口疼才捂住自己的胸口。被金庸这样一解释，自然生出了许多乐趣。

有位主管主持会议，开宗明义地宣布：“今天的会议十分重要，研究全厂改革大计，故应明令禁止说普通话。”

与会者不禁愕然：“普通话，为什么要禁止呢？不说普通话，莫非要说方言或英语不成？”

望着众人一脸迷惑，主管又接着说：“所谓普通话，就是指那种普普通通、平平庸庸、四平八稳、不痛不痒、没有独到见解、缺乏实际内容的套话、空话。这种话难道不应禁止吗？所以，我提议在今天的会上，大家一定要说切实有用的话！”

听到这里，众人才恍然大悟，大笑起来，鼓掌表示赞同。主持人巧用望文生义法，开场白极富幽默感，既点出了会议的宗旨，又活跃了会场的气氛。

在使用幽默时，我们可以只按照字面意思去解释，不去探求其背后的含义。换句话说，也就是明知道这是错误的，我们也需要按照字面意思去理解，这样就会说出与解释完全不一样的结果，从而使整个语言表达充满风趣。

司马迁的《史记》中有一个成语，叫作“一诺千金”，说的是秦汉之际，跟刘邦一起打天下的武将季布，只要他答应的事情，多少金钱也无法改变。

有个笑话就歪曲地解释了这个典故：

有一个姑娘问小伙子：“‘一诺千金’怎么解释？”

小伙子说：“‘千金’者，小姐也；‘一诺’者，答应也。意思是：小姐啊，你就答应了吧！”

通过词义曲解，把历史典故变成眼前求爱的语言媒介，二者之间距离有多遥远，其产生的滑稽效果就有多大。

事实上，当我们所说的话有悖于人们的常规思维时，歪理就产生了，幽默也随之产生了。

此外，我们还可以运用“大智若愚”增添交际趣味，活跃谈话气氛，最大限度地展现我们的智慧和幽默，令人心生好感。

巧妙模仿，幽默的力量成倍增长

对某些固执己见的人而言，他们的思维方式通常是死板的，假如非要与他们讲“理”，就有可能堵塞彼此的沟通；假如通过模仿对方，用他的思维方式来对付他，不仅能让对方无话可聊，输得心服口服，而且能无意中由于错位思维而产生幽默效果。

幽默的重要源泉之一就是模仿。模仿有许多类型，比如对思维方式、语言以及行为都可以进行模仿。通常情况下，造成交流障碍的重要原因就在于思维方式的不同。

在现实生活中，我们若能巧妙运用反常规的思维方式，就会让人啼笑皆非、无法辩驳。

下面举两个例子，在这两个例子中，并没有涉及交流，只是照搬了一些同义词或词意，就已经引人大笑并予以深思。

乔治：上周，有一粒沙子进入了我妻子眼中，只好去看医生。这花了我三块钱。

约翰：你那算什么！上周，有一件皮大衣进了我妻子眼中，就花了我三百块呢！

弟弟：哥哥，你知道火箭为什么飞得那么快呀？

哥哥：这简单啊，火箭飞行时，屁股上不是有一团火吗？你想谁屁股上着火了跑得不快呢？

实际上，火箭“着火”快跑是由于获得了动力，可是人被火烧时快跑则是为了逃命，两者的实质并不相同，给人的视觉印象却属于同类。这种模仿，既巧妙应对了小朋友的理解能力，又富有幽默感。

当然，模仿的方法不但能对付小朋友们的无厘头思维，还能针对某些人的狡辩予以反击。

下面这个幽默也同样精彩。

坐在飞驰的列车上，小尼克兴奋地不时把头伸出窗外。父亲多次制止他都毫无效果。小尼克仍旧我行我素。

此时，父亲趁小尼克不备，迅速摘掉他的小军帽，藏在座位下面，说：“看，不听话，小军帽飞了吧！”

小尼克害怕地把伸出窗外的头缩了回来。

父亲说：“这就对了嘛，吹声口哨，小军帽就会回来。”

小尼克吹了声口哨，父亲迅速把小军帽戴在他头上。

“哎呀，这太神奇了！”小尼克快活地说。

忽然，小家伙一把拽下父亲的礼帽，迅速扔出窗外，说：“爸爸，现在该您吹口哨了。”

通过模仿对方而形成的幽默，最完美的地方就在于：让先发者哑口无言、自作自受。因为这游戏规则是由他自己制定的，后发者只不过是机智地模仿了他的思维模式或谈话方式，并严格遵循了游戏规则。而这种游戏通常只有一个结果，那就是先发者“赔了夫人又折兵”。这正是模仿的威力和魅力之所在。

修辞让幽默更有趣味

幽默本身就是玩文字游戏。中国文化博大精深，即便同一个字，同一个词在不同的情境中所表达的意思也是不一样的。因此，有一种幽默就是纯粹玩弄文字修辞，这样所展现出来的幽默是合情合理、出人意料的。

在生活中，有的人说话比较啰唆。其实，假如啰唆的语言表达得恰当，那也可以变成幽默。在修辞学上，啰唆跟修辞格中的反复手法是类似的。比如，电影里的经典语言“人是人他妈生的，妖是妖他妈生的”。这样的话很啰唆，却起到了搞笑作用。周星驰演的电影经常使用到这样的文字修辞，以此达到幽默效果。

在生活中，我们经常会说某人说话很绕，假如在他的语言表达中不给人幽默感的话，那他就是啰唆了。本来只是一句简单的话，他就是不想以简单的语言表达出来，而是绕过来绕过去，结果让人听糊涂了，甚至有时候还会让人一下子听不懂对方在说什么，等到自己完全明白过来，才忍不住笑。这就是啰唆带来的幽默。

通常情况下，若是在书面文字中，我们是不主张啰唆的，因为重复的描述只会让人心生厌恶。然而，口头表达与书面表达毕竟是两种方式，当我们在进行语言表达时，适当啰唆，反而会增强语言的表达效果。比如，在一些送别、欢聚的场所，假如啰唆一下，反而让人感到亲切，让人感受到你对某种事情的重视。

杰克逊长得又矮小又丑陋。当他发现有人嘲笑他时，他会怒不可遏。

有一次，杰克逊正坐在饭馆里时，进来了三个外国人，一位女士和两位先生。他们在旁边的一张桌子边坐下。杰克逊抬头一看，发现那位女士正同两个同伴耳语，而且那三个人打量了他一番便咯咯地笑了起来。

杰克逊的脸涨得通红，但没有说什么，而是取出速写本，认真地画起画来。他一边画着一边不时地望着那位女士的眼睛，致使那位女士有些慌乱——她觉得刚才嘲笑过的邻座正在给自己画像，心里很不自在。

杰克逊并没有被她的目光扰乱自己，满不在乎地继续画画。突然，其中一个男士朝他走过来说："先生，我不允许您画这位女士。"

"哎呀，这哪里是一位女士呢？"杰克逊心安理得地说。随后，杰克逊把速写本递给他看。

只见那位先生道了声"对不起"，便回到同伴那里去了。原来，杰克逊画的是一只引颈高叫的肥鹅。

这个男士似乎不知道"鹅"这个词在德语中含有骂人的意思，意为"蠢女人"。

在这里，杰克逊所使用的幽默是借代。借代，这个文字修辞与其修辞上的借代存在不同的特点，这是因为修辞学上的借代，是用对象的部分取代整体。而幽默中的借代，也就是直接用一种东西去指另外一种东西，恰恰因为这样，后者具有更大的灵活性，所产生的效果是出人意料的，这样才更容易显示出幽默。

有一半百的妇人问萧伯纳："你看我有多大？"

萧伯纳回答说："看你晶莹剔透的牙齿，你只有 18 岁，看你蓬松的卷发，你有 19 岁，看你扭捏的腰肢，你有 20 岁。"

妇人听后很高兴，继续问："那你猜猜我到底多少岁呢？"

"我已经说了，加起来就是你的实际年龄。"萧伯纳回答说。

在这个案例中，面对萧伯纳的回答，这位妇人前后的心情形成了对比，而造成的反差恰恰就是我们想到的幽默感。在对比这个文字修辞中，我们可以有意地把不相同的两个事物、概念或者本身对立的思想、观点，甚至是两种截然不同的行为综合到一起作比较，这样就会产生令人忍俊不禁的效果。

出其不意，给对手一个措手不及

面对突如其来的状况，我们来不及思考，所以此时打破窘境的幽默不是深思熟虑的产物，而是随机应变、自然而成的结晶。幽默往往与快捷、奇巧相连，讲究出其不意掩其不备。这种幽默不仅使人眼前一亮，而且可以体现幽默者的智慧。

在开往日内瓦的列车上，列车员正在检票。一位先生手忙脚乱地寻找自己的车票，他翻遍所有口袋，终于找到了。他自言自语：“感谢上帝，总算找到了。”

“找不到也不要紧。”旁边一位绅士说，“我到日内瓦去过二十次都没买车票。”

他的话正好被一旁的列车员听到。于是，列车到日内瓦车站后，这位绅士被带到了拘留所，受到严厉审问。

“您说过，您曾二十次无票乘车来到日内瓦。”

“是的，我说过。”

“您不知道这是违法行为?”

“我不这么认为。”

“那么，无票乘车怎么解释?”

“很简单，我是开着汽车来的。”

这位先生的回答无可非议。他以前做过无票乘车者，但能巧妙地运用幽默为自己开脱。列车员也不能拿他怎么样。这就是幽默的力量。

一次，美国总统里根在白宫钢琴演奏会上讲话时，夫人南希不小心连人带椅跌落到台下的地毯上。

正讲话的里根看到夫人并没有受伤，便说：“亲爱的，我告诉过你。只有在我没有获得掌声时，你才应该这样表演。”

顿时，台下响起了一片热烈的掌声。

本来是一件令里根很尴尬的事情。此时，如果埋怨或者置之不理，都会令气氛更加紧张。但是，一句幽默的话不仅将气氛还原，而且体现了里根的智慧。

都求“自然成文”为好，幽默也是如此。有准备的幽默，当然能应付一些场合，但难免有人工斧凿之嫌。临场发挥的幽默才是最精粹、最具有生命力的，也是最难把握的至高境界。

幽默是一种生活艺术，是运用你的幽默感来增进你与他人的关系，并改善你对自己真诚的评价的一种艺术。同时是一种智慧的表现，它善于打破常理，出其不意地解决问题，巧妙化解矛盾，使一些误会或者矛盾瞬间被澄清或者化解。这样的化解方式要比大打出手，争吵不休要体面，更能让人从心理上接受。

有了幽默，我们可以学会以笑来代替苦恼。借着幽默的力量，我们能随时将痛苦驱赶。幽默可以润滑人际关系，消除紧张，解除人生压力，促进感情的发展。它可以使我们和他人轻松相处，使我们获得益友，提高生活的品质。幽默还能使我们振奋，信心大增，使我们脱离许多不愉快的窘境。

不论你从事什么行业，身居何职，幽默力量都能助你一臂之力，使你的工作和事业更顺利地发展，使你的社会交往更为广阔。它能使你善于待人接物，广交朋友，帮助你解决人际关系的难题，教你学会如何摆脱窘迫的处境。尤其当你想以积极进取和乐观开朗的形象出现，赢得人们的欢迎和信任；当你想鼓励更多的人为实现共同目标而努力时，幽默的力量就能发挥更大的作用。

Part 3

站上讲台，幽默能让你独领风骚

幽默是活跃气氛最好的武器，它可以缓解活动或会议现场的紧张、尴尬气氛，重新营造愉快气氛，同时还可以展现说话者自身的涵养。在公开场合说话，获得听众好感才是说话成功的关键，而幽默正是获得听众好感的有效方法。因此，当众说话时幽默，你的魅力和吸引力将大大提升。

即兴演讲，用即兴的风趣力压群雄

如果能在演讲或当众讲话过程中，充分运用幽默的语言，就能够大大提升你的魅力和吸引力。若想即兴讲话能够有效地抓住听众的注意力，需要融入风趣幽默的语言。有的即兴讲话是在灵感迸发时产生的。这样的讲话通常会在讨论会上、酒宴上、各种聚会上，偶尔也会在意外情形中产生。这种即兴讲话大多风趣、幽默，讲话者可以通过别人的一席话来使自己发生联想，或者借景生情引出自己的思绪，达到风趣幽默的目的，让自己的讲话趣味十足。

有位知名作者出席一个酒会。主人觉得很有面子，当下决定让作者讲几句。这位作者根本不知道会要求他演讲，也没有事先准备。主人的面子盛情难却。于是，在毫无准备的情况下，他走上了台。

作者干咳了一声，说："没想到我有此荣幸能够站在这里演讲。我准备了十分钟的演讲时间，先生们、女士们，我从什么地方开始说起呢？"

作者停顿了一下，说："那我就从九分五十九秒说起吧！"

这位作者因为没有准备，不知道酒会都有哪些人参加，也不知道该说些什么。不过，他利用幽默巧妙地回避了演讲，不仅让主人不失面子，也为酒会带来轻松愉悦的气氛。

制造幽默的方式有很多，不仅能用语言的形式展现给观众，很多时候还可以用一些视觉的方式来告诉大家到了乐一乐的时候了。而在演讲过程中，这些视觉的幽默就显得特别重要，往往能够收到画龙点睛的神奇效果，让你的演讲取得成功。

如果你觉得需要将视觉和听觉的幽默汇合在一起来活跃现场气氛时，要尽量使用那些出人意料并且极富机智巧妙的方式。因为这种方式的运用能够让会场的气氛变得轻松愉快。

很多时候，演讲过程中可能会出现一些突发事件，比如停电、某人撞翻茶杯等。在演讲者和听众之间的信息交流受到外界阻碍时，我们应该如何才能避免出现尴尬的局面，从而使演讲顺利地进行下去呢？

这需要依靠幽默的力量来摆脱困境。比如，说停电时，你可以这样说："看来主人没按时交付电费呀！"或者干脆来几句俏皮话："现在我们来谈个条件，如果你们听完这个故事还不发笑，那么以后我就再也不讲它了。"这些俏皮话往往能够帮你应付那些演讲中以及生活中遇到的突发事件，摆脱尴尬。

人们通常在特定场景中发表即兴讲话。为了使讲话有趣，我们不妨关注眼前的客观事物，从而让自己产生某种兴致而临时发表讲话。所谓"兴之所至，有感而发"，这种讲话大多是风趣而幽默的。

相比那些枯燥无味的讲话，听众更青睐于那些风趣而幽默的讲话。如果参加某种活动就是一件愉快的事，在开始之前，还来一番枯燥言语的讲话，岂不是减少了活动本身带来的欢乐气氛？若是参加会议，就更需要发表有趣的即兴讲话，因为会议本身是枯燥、呆板的，来一点有趣的即兴讲话，在某种程度上会让听众疲劳的大脑得到暂时的休息。

某领导在文联做“形势报告”时。他走上台时，一眼就看到洁白的台布上放着一个插满鲜花的花瓶。他小心地把花瓶移到台下，然后讲了这样一段话：“我这个人做报告，很容易激动，激动起来就会手舞足蹈。这花瓶放在台上有点碍手碍脚了。说不定，我一激动，就碰翻把它摔破了——我这个普通干部还赔不起呢。”

这种即兴讲话，不仅活跃了气氛，而且委婉地批评了讲排场的风气，让听众在笑过之后领悟其中的深意。

幽默是活跃气氛最好的武器，它可以缓解活动或会议现场的紧张、尴尬气氛，重新营造愉快气氛，同时还可以展现说话者自身的涵养。对于公开场合的说话，获得听众的好感才是说话成功的关键之一。幽默正是获得听众好感的有效方法。在较为正式或严肃的场合，我们讲话运用幽默贴切的语言，往往会使气氛活跃起来，同时也会让说话者在笑声中逐渐放松。

准备好素材，你的幽默游刃有余

在演讲中，演讲者要想做到谈吐幽默自如、游刃有余，要提前准备好演讲所需要的幽默素材。

狄斯雷利是英国前首相。有一次，他的演讲非常成功。一个年轻人向他祝贺说："您刚才的即兴演说简直太棒啦！我很喜欢这样的你。"

这时，狄斯雷利回答说："亲爱的年轻人，这篇即兴演说稿，我已经足足准备了20年之久啊！"

这里说20年，未免有些夸张了。然而，狄斯雷利却告诉了我们一个道理——你要想发表一次成功的演说，想和听众们打成一片，就必须花时间去收集一些笑话、故事、趣闻或妙语。因为，只有这些幽默材料，才会让你的演讲更吸引人。

不管多么伟大的演说家，都需要通过努力才能在即兴演讲获得成功。他们走上讲台，神采飞扬、妙语连珠，让听众如痴如醉，背后都付出了努力，做了大量准备。

下面介绍几种比较常见的寻找幽默素材方法。

可以从自己的姓名上找到素材。有位姓胡的老教授很幽默。他在79岁高龄时作过一次演讲。当时，胡教授健步登上演讲台，对台下众多学生朗声笑道："鄙人姓胡，就是糊里糊涂的胡，但为人却不糊涂。"台下的学生们在胡教授谦虚的自我介绍中慢慢进入听讲佳境。

很多人的姓氏与名字都可能十分平常，从中很难找出幽默素材来。其实，我们大可不必完全围绕姓名去打转，其他类似的幽默素材还有很多。

我们也可以从自己的属相上来找幽默素材。一位属猪的男士在他生日宴会上说的一段话就很值得借鉴。他说："各位来宾，女士们，先生们，欢迎大家光临寒舍。近日物价飞涨，猪肉也十分走俏，我又年长了一岁，身价也随之翻了一番，所以，我在这高老庄特备了些薄酒，与众人一起高兴高兴。"

除在自己的属相上做文章之外，我们还可以在自家宠物身上找到一些幽默灵感。有一天，有位女士带着她家的小狗出来逛公园。一位老太太看了她带的狗，非常奇怪地问："为什么你家小狗的尾巴不是左右进行摆动，而是上下来回摇摆呢?"她回答道："这完全是环境造成的。我给它做的窝，还是两年前的那个，那时候它还没有这么大。"

很多时候，发发牢骚也能达到幽默效果。如果在发牢骚之前，我们能够多做做准备，让牢骚发得恰如其分，这样就更能增加欢乐的气氛；牢骚发得洒脱轻松，方不失为演讲者之风度；牢骚只有发得幽默，才能博取听众一笑。

有一个年轻人过生日。他知道每次过生日，亲朋好友都会在他大龄和单身上调侃他。这次生日宴会前，他特意准备了一次演说。当宴会开始后，他说："在座的诸位兄弟姐妹们，今天是本人的生日，大家都不用客气，一定要爽快地大块吃肉、大碗喝酒。哎，过生日又老了一岁，可叹兄弟我一大把年纪了，如今还是光棍一条。大家伙认真瞅瞅，我长得可是一表人才，居然没有一个女孩爱上我，你们说是不是有些奇怪。我在这儿就和你们打个赌，到明年的今天，你们诸位就等着瞧吧!"

此时，有人笑着说了一句："明年还等着瞧你这条光棍啊!"大家顿时笑作一团。

到底打的什么赌，等着瞧些什么，青年故意不去说明白，留给大家想像的空间。有位客人一下子点破了他的这个意思，这样也就产生了年轻人期望中的幽默效果，达到了他想要的目的。

要准备好幽默素材，我们也需要在演讲之前先浏览一下发言稿，考虑一下所面对听众的嗜好、职业以及性格特征，琢磨一下最近发生的大事件对人们产生的影响等，就会发现个中的差别以及不一致性和反话。这其中所有含有双关含义的词组，体现相反背离的理念、情形和人物，都很有可能成为幽默产生的源泉和载体。

开场想炒热气氛，不妨开几句玩笑

在演讲中，开场白往往非常重要。有经验的演讲者都会在第一句话中运用幽默牢牢地抓住听众的心。高尔基曾经说过："开头第一句是最为困难的。它就像是在音乐中给了全篇作品以音调，演讲者往往要花费相当长的时间才能找到它。"

我们来看看高尔基是如何做到的。

1935 年 3 月 7 日，高尔基曾应邀在苏联作协理事会第二次全体会议上发表讲话。代表们听到主持人说到高尔基的名字时，立即报以长时间的鼓掌和欢呼。高尔基迅速舍弃了原先准备好的开场白，即兴讲了一段话："如果说将花在鼓掌上面的全部时间累积进行计算，那么时间浪费得着实不少。"

此时，台下响起一片友善的笑声。

这个开场白的确很好，它对演讲现场出现的情况轻松幽默地做出了自己的评价，让大家备感亲切。而且，这个开场白也表现出高尔基自身良好的修养，进而吸引听众专心听下去。一位演讲者在个人的专场演讲中可能会非常从容，但当大家在同一时间、同一地点进行演讲（如演讲比赛、竞职演讲、即兴发言等）时，则由于受到时间、地点、气氛以及相同主题的制约，非常容易发生“千人一腔”的现象。在这种情形下，要想脱颖而出，顺利获胜，就需要有一种“大路拥挤改走小路”的创新精神，这是因为创新与幽默的思维方式是相同的。

通常情况下，演讲开头成败的关键在于能否吸引并集中听众的注意力。演讲时获取听众注意力的方式随题材、听众和场景的不同而改变，一般可以运用事例、轶闻、经历、反诘、引言、幽默等手段达此目的。

钱钟书的小说《围城》中有一段故事，写方鸿渐到本县省立中学发表演讲，事先精心准备了讲稿，可是到场后却发现稿子不在手边，急也没用呀，听众已在热烈鼓掌，方鸿渐只好上场了，但这开场白却来得很精彩——吕校长，诸位先生，诸位同学：诸位的鼓掌虽然出于好意，其实是最不合理的。因为鼓掌表示演讲听得满意，现在鄙人还没开口，诸位已经满意地鼓掌，鄙人何必再讲什么呢？诸位应该先听演讲，然后随意鼓几下掌，让鄙人有面子下台。现在鼓掌在先，鄙人的演讲当不起那样热烈的掌声，反觉到一种收了款子交不出货色的惶恐。

听了方鸿渐的演讲，听众大笑。

应该说，方鸿渐的开场白获得了极大成功。为什么？当听众鼓掌后，他却一反众人常有之态，先假意否定听众鼓掌，引起观众兴致。听众想弄清“为什么我们的鼓掌其实是最不合理的”？方鸿渐的解释，既出人意料，又幽默风趣，自然深受观众喜爱了。

在主持活动时，我们可以用富有启示性的语言、诱导性的语言，引导现场融到活动氛围之中，让所有的听众集中注意力。开场白需要尽可能地避开死板的格式，而是出语不凡，让听众不知不觉间进入自己精心设计的“圈套”。

在开场白中，我们可以直接点题，将活动的内容、主题说清楚，让现场的听众明白这个活动的主旨到底是什么。在开场白中，我们还可以巧妙借题发挥，或是活动的气氛，或是活动的主旨，从而调动全场的情绪，造成适宜活动开展的气氛，让现场的听众亢奋起来。

假如一开始演讲情绪就有些紧张，这时候不妨开开自己的玩笑，让自己的情绪稳定下来，紧绷的神经放松一下。只要开了头，你就不会感觉无从下手，切入正题后，你就会感觉到轻松自如。

下面的这个开场白就被传为经典。

有个身材颇为高大的演讲者，五官也大得离奇。他说：“亲爱的女士们、先生们，你们已经用自己的双眼看到我是一个什么样的人了。我的耳朵非常大，就像是贝多芬的耳朵。然而长大以后，我为这对大耳朵感到害臊了。但是，现在我对它们已经习以为常了。究根到底，它对我站在这儿演讲并没有产生什么妨碍呀！”

这些对自己某方面身体特征的幽默解说，很容易就会给听众留下深刻印象，也能很快拉近与听众之间的距离。

下面是个在演讲中巧妙运用自嘲方式做开场白的案例。

黑人领袖约翰·罗克在面对美国白人听众做《关于解放黑人奴隶》的演讲时，说：“亲爱的女士们，先生们——我来到这儿，与其说是发表一次讲话，还不如说是给这个场合增深了一点‘颜色’。当然，这个颜色是黑色的。”

这样一个自嘲式的开场白，引得台下的听众哄堂大笑。笑声也冲淡了因为种族差异而造成的心理隔阂，让沉重的话题顿时变得轻松起来。

开场白除了能够采用曲折委婉的方式取得幽默效果之外，还可以运用速成法，即在开场时迅速抓住听众的注意力。这方面有时候可以从听众的逆反心理着手，这往往也能达到一定的幽默效果。

比如一位演讲者是这样说的："我现在只有10分钟的发言时间，女士们、先生们，我该从什么地方讲起才好呢?"这时听众们肯定会回答说："那就从第9分钟开始讲起吧!"

当然，好的开场白只是整场演讲的开始。当你逐渐进入演讲主题之际，还必须继续坚持努力，营造出和开场时一样吸引听众的幽默效果。因为一般人的注意力都不会持续很久，特别是演讲人用极其单调的语言谈一个非常平淡的问题时，听众将会感到更无趣。

演讲要有主题，幽默要有针对性

在准备演讲之前，不妨先扪心自问：你的主题和听众究竟存在什么利害关系？能否帮他们排忧解难，或实现理想的目标呢？明确这些之后，你再开始讲给他们听，这样就会吸引他们的注意力。

你如果是一名会计师，你可以做这样的开场白："我现在要教你们如何做，才能够省下50－100元的税款。"你如果是律师，能教听众如何在生前拟好自己的遗嘱。如此一来，听众一定会听得津津有味。总之，在你掌握的专业知识领域内，不管怎样，你都能够找到对听众有所裨益的话题，以吸引他们的注意力。

在演讲过程中，使用幽默最好是有所“预谋”，也就是说，不是所有话题都能够拿来即兴幽默的。演讲者只有根据演讲内容和场合等因素有针对性地选择一些幽默话题，才能够做到投观众所好，吸引观众的注意力，进而取得所预期的效果。

马云是阿里巴巴的创始人，曾被母校杭州师范学院邀请返校进行演讲。马云上台之后，一开口就让母校的师弟和师妹们笑得合不拢嘴：“前两天，我刚刚从美国回来。在美国参加会议时，有人就问我的英语是从哪里学来的。我回答说中国杭州师范学院。在我们公司，虽然有来自北大、清华的，也有一些来自哈佛、耶鲁等世界名校的，然而，如果你在我们公司问问哪所学校最好，员工都会回答说：当然是杭州师范学院了！没有办法，因为身在阿里巴巴，他们只能这样回答。”

这样巧妙的开场，既让马云避免了对母校的刻意恭维，又用自己的切身经历表达了对母校的感激之情，并引发了一股强烈的集体自豪感。

与此同时，他又恰当地使用了个人成功的事例来告诉母校的莘莘学子：凡事皆由人而为，外部环境并不是影响成功的决定性因素，个人的努力才是最重要的。个人如何去努力的部分，只有认真听完后面的演讲才能清楚。这样，马云自然又为自己演讲的内容设置了小小的悬念，也成功地吸引了大家的注意力。

马云的幽默之所以能够取得事半功倍的效果，其主要原因就在于他非常清楚观众需要的是什么。就像作为一名商人，你必须提供出市场所需要的商品，才能尽可能多地赢利一样。马云知道他所面对的是一群虽说有青春激情但始终稚嫩、懵懂的在校大学生，他们最需要的是自信以及平凡人创造成功的可能性，他们需要的是一种引导。而作为他们的师兄——成功人士马云，恰好能够满足他们这种精神需求。因此，他的演讲才会引起他们极大的兴趣。

同样精通“因地制宜”演讲之术的，还有微软总裁比尔·盖茨。

2007年，比尔·盖茨受邀在哈佛大学毕业典礼上进行演讲。

众所周知，比尔·盖茨虽然曾就读于哈佛大学，然而他并没取得任何学位，而是选择中途退学并创办了微软公司。《哈佛学报》曾称之为“哈佛大学历史上最为成功的辍学生”。这件事也让他这次演讲显得颇为神秘。

然而，精明的盖茨将自己的“丑闻”当作了“因地制宜”的最佳题材：“我为今天所有在座的各位同学感到高兴，要知道你们拿到学位可比我容易多了。”一句略带自嘲的幽默表达了他对毕业典礼现场的主角们——顺利完成哈佛学业的优秀毕业生们的衷心祝福。毫无疑问的，这也是现场学生希望听到的祝福。

在接下来的演讲中，他始终紧抓学生们的思维方向：“那么，我为何会被邀请到你们的毕业典礼上进行演讲呢？我想，在所有哈佛大学辍学生当中，我是做得最为出色的。因此，我有资格代表这一类学生发表讲话。同时，你们也应该感到庆幸——我并没有出现在诸位的开学典礼上。由于我是个有着恶劣影响的人，在这里我要提醒大家的是，我让Steve Ballmer（注：微软总经理）也从哈佛商学院选择了退学。因此，如果说我在你们入学欢迎仪式上进行演讲，那么能坚持到今天在这里毕业的人也许会少很多吧！”

即便是一直延续着幽默的自嘲，盖茨的话题也始终停留在毕业典礼这件事情本身，因为或许在他看来，自负的哈佛毕业生们渴望听到的不是那些谆谆教诲，不是教育他们如何才能成功的废话，更不是盖茨个人的创业成功经历，因为这些他们都了解，因此盖茨始终在自嘲。

在后面的演讲中，他简单讲述了自己认为什么才是人生非常有意义的事情。而“有意义”与“成功”是两个不同层面的话题。很显然，聪明的盖茨是不想引发在场的那些高才生们的厌恶心理。

每一个受欢迎的演讲者，都离不开风趣幽默

常讲话本身带来的感染力是较少的。毕竟你所讲的大多是枯燥呆板的内容。你可以看看大多数公众场合的讲话，无一例外都是“第一、第二、第三”，诸如此类的条条框框，整个说话过程没有丝毫趣味性。而对于听众来说，他们更希望听到一些有趣的内容，这就需要讲话者幽默了。

说话幽默是说话者聪明才智的标志，它要求有较高文化素养和较强驾驭语言的能力。但是，在讲话过程中，幽默只是一种风格，一种手段，并不是目的，不能为幽默而幽默，一定要根据具体的题旨语境，适当选用幽默的语言。

有一次，英国上院议员基尔在演讲。听众都很认真地望着他，并且侧耳倾听每一个字。但是，就在演讲即将结束时，突然有一个人的椅子腿断了，那个人跌倒在地上。如果这时演讲的不是像基尔这样机智的人，恐怕局面会对演讲产生一种不利影响。

聪明的基尔马上说："各位，现在一定可以相信，我提出的理由足以压倒别人。"

就这样，他立刻拉回了听众的注意力，而那个跌倒的人也在别人善意的笑声中，找到了一个新座位。一个玩笑使双方都从窘境中脱身而出。

在演讲过程中，幽默可以化解尴尬，重新让讲话者掌控演讲现场的气氛。

面对他人的嘲笑，要想取得论辩的成功，不但要敢辩，还要巧辩，在其中加一点诙谐的语言，会让自己更有气度，同时也令对方心服口服。

冯玉祥在担任陕西提督时，有一个叫安德鲁的美国人和一个叫高士林的英国人在西山随意开枪，打死了受保护的野牛。

冯玉祥审问他们时，两个外国人提出了抗议。

两个外国人说："贵国政府在我们的护照上签有允许我们携猎枪的规定。"

冯玉祥说："照此说来，如果允许你们携带手枪呢？你们不是可以在中国境内任意开枪杀人啊？"

很显然，是不允许任意开枪杀人的，那么，也就不允许开枪杀野牛。

在这个案例中，冯玉祥所使用的是否定式幽默。所谓否定式幽默法，是指在两个相对的事物存在的情况下，从肯定其中一事物出发，随之加入另一个事物的内容而达到否定前一事物为归宿的语言艺术。

有时候，我们可以通过反逻辑的方式制造幽默。此外，还有双关的幽默，双关式幽默法是利用一个词的语音或语意同时关联两种不同的意义并进行曲解的演讲语言艺术的方法。总之，作为讲话者，你可以参加一切有趣的谈话，欣赏体会那些使人发笑的言辞，你可以记住一些好笑的事例和机智幽默的语言，并且深知其中的含义。如果你是一个习惯严肃的人，你可以学习一下幽默，认识轻松的价值。

同主持人幽默地配合，效果会更好

演讲者遇到的第一个难题通常就是：当主持人向台下的听众介绍你，并且极力称赞你时，你该如何做才会更好呢？

在学术领域颇有名气的胡教授，有一次被邀请前往一所大学做报告。至于如何开讲，胡教授心里也没数，最后他决定按照最常规的方式开讲："各位老师、同学们，大家好！非常高兴能在这里见到你们……"

主持人这时忙接着说："下面，就请胡教授给我们大家做报告。"

在听到主持人这样的介绍之后，胡教授突然灵机一动，拿过眼前的话筒，接着主持人刚才的话说道："这次我不是来向诸君做什么报告的，我就来'胡说'的。"

话音刚落，听众已经笑作一团，下面的演讲进展得非常顺利。

在这里，胡教授的幽默就在于巧借自己姓氏以及主持人的介绍做题材，反其本意而用之，“胡说”一词则作为点睛之词，幽默效果自然而然就出来了。胡教授通过与主持人的配合，做了一个异常绝妙的“一石三鸟”的演讲开场白，既巧妙地向大家介绍了自己，又体现出演讲者谦逊的修养，且活跃了场上的气氛，让演讲者与听众的心得到进一步的沟通。

很多时候主持人过于热情的介绍、过分的赞扬也会带来一些问题，应付这种情况的最好办法就是开个小小的玩笑。比方说：“看来，我现在被我的主持人朋友给出卖了。他曾在台下向我保证，说在座的各位会因为我的到来而深感荣幸，现在看来恐怕并非如此。”

如果你要用自己的方法来影响主持人对你的介绍，并且尝试让自己和听众的紧张情绪能够安定下来时，不妨借用一些别人说过的话。比方说，你可以借用英国丘吉尔曾经说过的话：“我感觉自己就像是一只熊掉入了蜜蜂窝，但愿我口中的舌头不会辜负这一番好意带来的挑战。”

要么干脆说：“为了今天的这次演讲，我已经足足准备了一个星期，差不多能够背得滚瓜烂熟了。只要你们大家能像墙上的那面镜子一样，我想我是能够顺利通过这次考验的。”

假如你的姓名比较特别，或者说容易出错，那么不妨运用一些幽默的方式让主持人知晓。著名演讲家德克就是此方面的行家。

下面是他与主持人之间的一段对话。

“请问您怎么称呼，先生？”

“哦，我的名字叫德克。”

“那您是得克萨斯州人吗?”

“不是的，我是路易斯安那州人。”

“那您为何取名德克?”

“我认为，我叫德克应该会比路易斯好一点儿吧。有这样一个怪名字的确有很多好处，不过到目前为止我还没发现这名字带给我什么好处。”

上面所说的是介绍自己的一种非常好的方式。但是，需要注意的是，在自我介绍时用语一定要真实可靠、简洁易懂，让主持人很快就能够明白。这样一来，主持人就会非常乐于同你合作。在和主持人之间建立起融洽关系的基础上，还需要运用幽默的力量来应付一些突发状况。

一位演说家在主持人介绍失误以后，面带微笑，从容地对现场的听众说：“我希望我能够告诉大家这是一次最好的介绍，但是事实并非如此。你们知道让我最为满意的一次介绍是如何得到的吗? 那是一次面对千万人的演讲会，我十分盼望能够得到最伟大的介绍，结果这个机会终于让我得到了。那就是由我自己进行自我介绍。”

这时，场下一片大笑，演说家也摆脱了尴尬的局面。

就像幽默理论家赫伯·特鲁所说的那样，“当一个演说家站在舞台上，如果说知道笑是一剂良方，自己却不打开瓶盖去服用，那几乎能够断言他是一名失败者”。在演讲过程中，同主持人幽默地配合，不仅能得到主持人的支持，还能够加深听众的印象以及听讲的兴趣。

总之，一个成功的演讲者，是不会忽视主持人的存在的。他会与主持人进行密切的配合，让演讲更顺利地进行下去。

有头还要有尾，幽默结束演讲才算完美

美国作家约翰·沃尔夫说：“演讲最好在听众兴趣到高潮时果断收束，未尽时戛然而止。”对于每一个演讲者来说，结束语是一个极其重要的步骤，尤其对于竞聘演讲来说更是如此。我们可以说，结束语是演讲者走向成功的垫脚石，结束语精彩，就好像乐曲结束时的“强音”，直达听众的心里；结束语糟糕，则好像吃花生米，吃到最后一颗却发现是坏的，又苦又涩，这会让整个演讲大失光彩。有时我们会听到诸如此类的结束语“我想我已经啰唆得够多了”、“我不知道自己是不是把这个问题讲清楚了”、“我通常并没有这么兴奋，也许是因为咖啡的缘故”，如此结束语几乎可以毁掉整个演讲。在演讲中，我们应该善用幽默结尾，这样才算是点睛之笔、锦上添花。

著名作家老舍是喜欢幽默的。

他在某市的一次演讲中，开头即说“我今天给大家谈六个问题”，接着，他第一、第二、第三、第四、第五，井井有条地谈下去。谈完第五个问题，他发现散会的时间就要到了，于是他提高嗓门，一本正经地说：“第六，散会。”

听众起初一愣，不久就欢快地鼓起掌来。

结尾对于演讲的重要性早已毋庸置疑。一个演讲者能在结束时赢得笑声，不仅是自己演讲技巧十分成熟的表现，更能给本人和听众

都留下愉快美好的回忆，也是演讲圆满结束的标志。在多种结尾中，幽默是最能被听众接受的。我们在公共场合的演说，如果也能以幽默、风趣的语言结尾，那么，可为演讲添加欢声笑语，使演讲更富有趣味，令人在笑声中深思，并给听者留下一个愉快美好的印象。

美国诗人、文艺评论家詹姆斯·罗威尔1883年担任驻英大使时，在伦敦举行的一次晚宴上发表了一篇名为《餐后演讲》的即席演说。

最后，他说："我在很小时听人讲过一个有关美国一个卫理公会牧师的故事。他在一个野营的布道会上布道，讲了约书亚的故事。他是这样开头的：'信徒们，太阳的运行方式有三种，第一种是向前或者说径直的运动；第二种是后退或者说向后的运动；第三种即在我们的经文中提到的——静止不动。'先生们，不知你们是否明白这个故事的寓意，希望你们明白了。今晚的餐后演讲者首先走径直的方向，起身离座，做示范——即太阳向前的运动。然后他又返回，开始重复自己——即太阳向后的运动。最后，凭着良好的方向感，回到终点。这就是我们刚才说过的太阳静止的运动。"

在欢笑声中，罗威尔重新入座。

这种紧扣话题的传神动作表演，惟妙惟肖，天衣无缝，怎能不赢得现场听众的热烈掌声和欢笑声？演讲的幽默式结尾是不胜枚举的。关键是我们要具有幽默感，并在演讲中恰如其分地把握住演讲的气氛和听众的心态，才能使演讲结束语产生"余音绕梁，三日不绝"的轰动效应。

里根曾经在一个颇不寻常的时间空当——午宴之前发表过一次讲话，他的最后两句话就非常巧妙："很感谢你们，愿上帝能够保佑你们。下面是你们现在十分期待从我嘴中听到的一句话：'我们马上吃饭吧，现在就开始！’”

演讲的结束语有很多种，幽默式的结尾是其中比较有趣的一种。如果一场演讲能在大家的笑声中结束，就能给演讲者与听众都留下一份愉快而又美好的记忆。这也是演讲圆满结束的形式化的标志之一。

在一次全天高层会议中，尼尔·拜伦是此次会议的第18个演讲者，也是最后一名演讲者。他知道台下的听众们已经厌烦到了极点。于是，他将自己已经准备好的长达5页的演讲浓缩为下面几句话，也是他在此次演讲中唯一的几句话："非常感谢大家为我们的闭幕大会而留了下来，我当然也很希望保留到最后的也是最美好的。今天我的演讲主题就是‘如何在销售工作中保持你的持久的激情以及耐力’。关于这个主题我并不打算多说废话，因为在座的各位只需要转过身去，和你桌子对面的人交谈一下此番的感受和意见就足够了，相信在座的各位所经历的切身感受会比我所能讲的要深刻得多！"

他说完这番话后，会场的疲惫气氛顿时一扫而空，与会的听众欣慰地将最热烈的掌声送给了他。

尼尔·拜伦就是把握住了听众的心理，知道在这种令人厌倦的氛围中，不管多么动听的演讲都是白费力气的，于是索性将主动权丢给听众，再将此次演讲内容和现场听众的切身感受结合起来，既幽默风趣，又简短有力，让人不得不拍手称叹。

然而，并非只要是简短的演讲结束语就能取得好的效果。在这里，除了简短以外，还必须具备精彩的内容、深远的寓意。这就需要我们借助幽默的力量来实现。

在担任美国总统之前，艾森豪威尔曾经担任过哥伦比亚大学校长。期间，他曾经参加过一次宴会，当时有几位名人都进行了长篇演说。但是，主持人最后还请他再进行一次讲话。艾森豪威尔注意到时间已经很晚了，迅速决定删去他原先已经准备好的演说内容，站起身来即兴发挥：“每一篇演讲无论它写成书面的或者其他形式，都应该使用标点符号，那么今天晚上，我就做一次标点符号中的句号好了。”

大家马上报以热烈的掌声。有人评价说，那次演说也是他一生中无数次演说中最著名的一次。

因此，演讲结论的最后几句要仔细斟酌，让听众闻之而终生难忘。我们可以依托会场当时的情境，找出一个和听众之间情感上的共鸣点和联系点，让听众能够大笑，让听众进行思考，让听众站起来为演讲者鼓掌喝彩。

Part 4

初次见面，幽默能让人一见如故

在生活中，那些具有幽默感的人，往往可以挖掘出事情有趣的一面，可以关注到生活中轻松的一面，从而形成独特的风格和幽默的生活态度。这种有幽默的人，到哪里都受欢迎，到哪里都受关注，都让人难以忘记。

懂得幽默，社交场合不再孤单

在现实社会生活中，社交活动已经扩展到了各个场合。在某种程度上甚至可以说，凡是有人类生活的地方，就有社交活动。同样地，凡有社交活动的地方就少不了幽默。

一次社交活动中，卓别林不停地用手驱赶着围着他乱飞的苍蝇。然后，他拿起一个苍蝇拍，可拍了半天也没拍着。最后，有只苍蝇停在他面前的桌子上。他举起拿着拍子的手，准备狠狠地打死它。可是，他的手忽然停在半空中，直直盯着那只苍蝇。

"赶紧打死它呀！"一个人急了。

"它不是刚才侵犯我的那只。"卓别林耸耸肩沮丧地说。

卓别林真不愧是幽默大师，日常生活中的一举一动，都显得与众不同。按照常人的做法，一拍子拍下去，打死苍蝇，无任何可笑之处。妙就妙在，卓别林拉开架势以后突然变卦，引人发问，再说出一个似是而非、似非而是的理由，让人忍俊不禁。

从社交礼仪角度来看，幽默的运用不仅会令人产生许多温馨的感觉，还能给人留下较为深刻的印象。

一位先生去看望一位小姐，保姆却对他说："不好意思，我家小姐要我告诉你，她不在家。"

那位先生很淡然地说："没有什么。你就告诉她，我并没有来过就可以了！"

故事里这个聪明的先生就是采用了一种幽默处理法，以善意的话语说出了自己的心情，并且对女孩避而不见的做法表达了不满。可以想像，当这位小姐听到这种客气的答话时，肯定会忍不住走出来与他见面的。

在现实社会中，每个人的人生态度都是不一样的，形形色色的人走在各自不同的人生道路上，形成了各自不同的人生观、价值观。应该提醒大家的是，要想潇洒地面对人生，就少不了幽默，这对任何人来说都不例外。

一天，居里夫人的一位朋友来到她家，忽然发现居里夫人的小女儿正在玩的玩具竟然是英国皇家学会刚刚发给居里夫人的一枚金质奖章。

朋友忙问居里夫人："现在，您能够得到一枚英国皇家学会的奖章，这可是很高的荣誉，怎么能让孩子玩呀？"

居里夫人笑着说："我是想让孩子从小就懂得，荣誉就像玩具，只能玩玩罢了，绝不能永远守着它，否则就会一事无成了。"

有人说，幽默是一种艺术，是用来增进你和他人的关系，并且改善你对自己真诚评价的一种艺术。在现实生活当中，赞扬需要幽默，而指责更需要幽默，因为幽默能使指责传达出善意。

如果双方意见发生了分歧，其中一方的当事人用幽默的语言来暗示、责备，即使是调侃式的、半宽容的幽默语言，也能正确无误地表达出自己的责备之意，并达到不至于伤害对方的目的。这说明用幽默的方式传达给对方之后，对对方产生的作用并不完全在于这是些什么话语，而在很大程度上在于你给对方的是一种什么样的感觉。

在社交场合，用幽默讲讲笑话是可以的，但也要视具体环境、对象与氛围，注意把握分寸，采取适当的形式来表达出合适的幽默来，才能收到好效果。

在现实生活中，有很多事情都会令人无所适从，通过一般的方法也是难以解决的。此时，人们往往采用幽默的方式，将自己所有不满与不快都包含在幽默的话语中。

另外，幽默往往使其拥有者远远地胜出其反对者。真正的幽默高手应具有这样一种自制力，可以在最恰当的时机给对手以沉重的、致命的打击，而不是仅仅产生一时冲动、简单急躁或未经深思熟虑的异常行为，以及愤怒、生气等。

用幽默还可以化解困境，回答比较疑难的问题，维护自己的利益，捍卫己方的尊严，而又不伤害对方的面子，这是其他方法难以媲美的。

幽默的人，让聊天不再显得别扭

美国心理学家赫布·特鲁说：“幽默可以润滑人际关系，消除紧张，减轻人生压力，使生活更有乐趣。它把我们从个人小天地里拉出来，使我们一见如故，寻得益友。它帮助我们摆脱窘迫和困境，增强信心，在人生的道路上知难而进。”

幽默是一种十分奇妙的沟通力，只要在一次沟通中融入了幽默元素，那这次沟通就是愉快的、令人愉悦的。或许，我们不知道，幽默可以建立良好的沟通力，从而帮助我们解决生活中的一些难题。一个卓越的沟通家或许不是最会说话的人，但是，他们却善于运用幽默，透过幽默的表达方式，能够让听众更容易接受他所表达的意思。

王蒙不单单是一个作家，还是一个出了名的幽默大师，在他的许多文学作品中都蕴含着幽默、诙谐、辛辣、豁达的语言。

有一次，王蒙应邀到上海某大学演讲。当时，台下同学的积极性并不是很高。于是，风趣的王蒙便以幽默的方式开了头。他这样说：“由于我这几天身体不太好，感冒咳嗽，不能多说话，还请大家谅解。不过，我想这不一定是坏事，这是在时刻提醒我——多做事少说话……”

王蒙这句幽默的开场白立即把台下同学的情绪调动起来。于是，台下的同学纷纷竖起耳朵，打起精神来听王蒙的讲座。在整个演讲过程中，他诙谐的语言不断，台下的掌声也不断。

当王蒙提到读者与作者的关系以及如何更好地把握一部作品时，在台下同学看来本来是一个多么严肃的话题，但王蒙却以风趣的语言作了这样的解说：“……我希望大家在评论一部作品时，不要轻易下结论，要反复地多读几遍，读懂，读透。千万不要像有些人那样，看到我走路先迈左脚，就说‘王蒙犯了左倾主义’；看到我先迈右脚，又说‘王蒙犯了右倾主义’；如果我因为感冒咳嗽用手绢擦了擦流出的鼻涕、眼泪，他就喊‘王蒙现在又沮丧、颓废啦’……”

听到如此犀利、生动的诙谐语言，充满了幽默感，台下昏昏欲睡的同学的热情被点燃了。在王蒙结束演讲之后，许多同学还对他恋恋不舍，多想再听他讲一次。

在日常交际中，幽默就像必不可少的调味剂。朋友聚会，或结伴旅行，大家都感到疲惫或长时间静坐无语时，气氛是让人感到沉闷和难受的。此时，假如一个充满幽默感的人说了一句笑话，就一定可以改变当时的气氛，从而带来快乐，让人们忘记暂时的疲惫和烦恼。若是在朋友聚会中适当开个玩笑，那也可以营造一种活跃气氛，让彼此的友谊更加坚固长久。

走到哪里，你都可以成为欢乐的中心点

我们毫不怀疑幽默的力量。幽默可以让你像明星一样受欢迎。在生活中，即便我们没有看见明星出场的真实场景，在电视上也见过不少——那些粉丝的欢呼声、喝彩声一片接着一片。虽然，在现实生活中，幽默的人也许不会受到这样热烈的欢迎，但是，受人喜欢倒是常事。

“人生无处不销售”，我们每个人不仅要把自己推销出去，而且还要销售出一个“好价钱”，让大家欣赏你、肯定你、欢迎你，想要认识你，希望跟你做朋友。当然，如果你正好是一个富于幽默的人，那你就可以享受明星般的待遇了。

某大学植物系有一位植物学教授，教的尽管是比较冷门的课程，

但是，几乎每堂课教室都爆满，甚至许多同学愿意站在走廊里旁听。当然，并不是因为这位教授具备的知识和资历有多渊博，而在于他的幽默感风靡了全校，使得越来越多的同学喜欢上他的课。

有一次，这位教授带领学生们去一个原始森林进行校外实习。这一路上，他们看到了一些叫不出名字的植物。学生们好奇地问教授："这是什么？"教授都一一解答。

听着教授详细的讲解，一位女同学忍不住停下脚步，对教授赞叹："老师，您的学问好渊博哟！什么植物都知道得这么清楚！"

这位教授回过头来，眨了眨眼睛，笑着说："这就是我为什么故意走在你们前头的原因。只要一看到不认识的植物，我就'先下脚为强'，赶紧踩死它，以免漏气！"

学生听了都笑得前仰后合。

从这个小故事中，我们就可以知道为什么这位教授如此受学生欢迎。在他的课堂中，常常开个小玩笑，幽默一下，而这就是他广受学生欢迎的原因。

事实上，一个人将严肃放在一边，幽默起来，那他必将成为受欢迎的人。

有一次，英国首相、陆军总司令丘吉尔去视察一个部队。由于刚下过雨，路很滑，他在临时搭起的台上演讲完毕下台阶时不小心摔了一个跟头。士兵们从未见过总司令摔过跟头，都哈哈大笑起来。陪同的军官惊慌失措，不知怎么办才好。

没想到，丘吉尔微微一笑，说："这比刚才的一番演说更能鼓舞士兵的斗志。"

最后，的确如丘吉尔所戏言的，士兵们对总司令的亲切感、认同感油然而生，更坚定地听从总司令的命令，英勇战斗。

不管你是善用幽默化解尴尬，还是善用幽默制造气氛，只要你是具备幽默感的人，那就是受欢迎的人。因为幽默的人是快乐的，他所能带给我们的也是快乐，而谁也无法拒绝快乐。

小心，初次见面有些禁区别踏进去

对于善用幽默的人而言，幽默的元素随手拈来。不过，这样的本事并不是每个人都有的。我们要想在日常交际中有效地使用幽默，那就需要具备一定的智慧，比如，一个才疏学浅、举止轻浮、孤陋寡闻的人是难以生出幽默感来的。

幽默应该具备这样一些能力：渊博的知识和深刻的社会经验，敏锐的洞察力和丰富的想像力，积极乐观的心态，良好的文化素养，良好的语言表达能力。即便具备了这些能力，幽默也不是你想用就能用的。

幽默是人际交往的润滑剂。对此，我们更应该恰当地运用幽默，以让彼此之间的沟通更加顺利。

萧伯纳在青年时已经学会了使用幽默。不过，因为他总是滥用幽默，出语尖酸，大家一听他说话，便有一种难受的感觉。

有一次，一位朋友在散步时对萧伯纳说："你现在常常出语幽默，不错，非常风趣可乐。但是，大家常常认为，如果你不在场，他们会更快乐，因为他们都感到自己比不上你。有你在，大家便都不敢开口了，你的才干确实比他们略胜一筹，但这么一来，朋友们将逐渐离开你，这对你又有什么益处呢？"

听了朋友的话，萧伯纳醒悟了。他慢慢地改掉了滥用幽默的习惯，从而变成更受欢迎的人。

幽默也是有“禁区”的，不得滥用幽默。幽默是我们生活中的调味剂。它可以让我们的生活更加有滋有味。不过，即便再好的调味剂也不可滥用，就好像我们生活中经常用到的盐，适当放可以让菜肴更加美味，若是放得太多则会令人难以下咽。因此，我们恰当运用幽默，才可以最大限度地发挥它的功效。

有一次，小王看见女同事穿着一身漂亮的新衣服来上班，就开玩笑说：“今天准备出嫁吗？”

其实，这是一句赞美之词，只是说得调侃了一点。

令小王没有想到的是，女同事有点神经质。她听到这句话时，怒不可遏：“你骂人！难道我离婚了？难道我丈夫不在了？”接着，她又是谩骂一通。

小王万万没有想到，自己颇为得意的幽默竟然被人家当成不堪入耳的污言秽语，导致如此难堪的结局。

小王百口莫辩，只好道歉了事。后来，小王每当说到这件事情都会苦笑不已。因为那位女同事还到处说小王是一个“二百五”。

看了这个故事，你应该明白：幽默不是对谁都可以用，幽默不是随处都可以用。没有幽默感的人是可悲的，而幽默错了对象，同样是可悲的，甚至更加可悲。

当我们想幽默一把时，首先选择内容健康、格调高雅的话题，不仅给对方启迪和精神的享受，而且也可以塑造自己美好的形象。其次，我们还应该保持友善的态度，开玩笑的过程，其实就是互相交流感情的过程，假如借着开玩笑对别人冷嘲热讽，即便你表面上占了上风，但也会给别人造成一种不被尊重的感觉。最后，我们开玩笑时，还需要注意区别对象，同样一个玩笑，你可以对这个人开，但不一定适合对那个人开，因为一个人的身份、性格、情绪不一样，他们对玩笑的承受能力也不尽相同。

通常情况下，作为后辈不应该与前辈开玩笑，下级不宜与上级开玩笑，男性不宜与女性开玩笑。假如我们只是同辈开玩笑，那就需要掌握对方的性格特征与情绪。假如对方性格外向，善于容忍，即便玩笑开过了也可以得到对方的谅解；假如对方性格内向，开玩笑就需要慎重。总而言之，我们需要恰当运用幽默，这样才能尽情绽放幽默的魅力。

恰当的幽默，比握手更让人亲近

与人见面时，用幽默代替握手可以获得意想不到的效果。特别是初次见面，恰当的幽默可以使自己更加有趣、机智、平易近人。幽默还能给双方带来许多话题，使得双方在没有任何拘谨的环境中谈天说地，交流思想。

王先生和刘先生楼上楼下而居，因为两对夫妻都是工薪族，平日

上下班时间不一，偶尔乘电梯相遇时仅仅点个头，连交谈的机会都没有，充其量知道有这么个邻居存在而已，并没有什么特别的交情。

其实，双方都深知“远亲不如近邻”的道理，但是，习惯了寒冷的街道，有些无可奈何。然而，自从某个机缘让这对邻居大笑之后，情况就完全改变了。

那阵子刚好出现垃圾处理问题。由于公共垃圾场的租约已到期，原业主因为私人因素坚持不肯续约，一时间大小马路边垃圾堆积如山，臭气熏天。

这天刚好是假日，王先生和妻子乘电梯下楼碰到了刘先生和他妻子。刘先生勉强挤出一丝笑容以“垃圾问题严重”为题跟王先生寒暄了一下。王先生也趁机打开了话匣子，他故作神秘地说：“我家从来没有垃圾的困扰！”

刘先生夫妇听了十分诧异，并且询问其原因。王先生回答说：“很简单啊，只要每天早上刻意地将垃圾包装得整整齐齐地放在大楼门口摩托车的后座上，一会儿垃圾包自然消失。”

刘先生和妻子听了不禁大笑出来。笑让他们之间的距离拉近了。从此以后，两家就熟络了起来。

邻里之间，幽默是必不可少的。平日里抬头不见低头见，总是板着脸说话，会让生活变得凝重，根本无法促进彼此间的感情。所以，用幽默代替握手，用幽默的话语与邻里交谈，无疑可以产生微妙的效果。

幽默这门艺术同其他严肃、庞大的学科相比，也许是微不足道的。但是，正如学生要有老师来培养一样，我们的生活需要用幽默来滋养。如果没有笑，这世界会毫无生气——没有人愿意生活在寂静和恐怖的世界里，因为那里没有快乐。

托马斯卡莱尔曾说：“你的幽默是你以愉悦表达自己的方式。它表达的是你的真诚、善意和爱心。”会心地一笑，可以迅速缩短人与人之间的距离，可以说，幽默是比握手更文明的一大行为。

以幽默来打招呼，则是有力地表示我喜欢你，我们之间有着可以共享的乐趣。心理学家凯瑟琳也说过：“如果你能使一个人对你有好感，那么也就可能使你周围的每一个人，甚至是全世界的人，都对你有好感。只要你不是到处与人握手，而是以你的友善、机智、风趣去传播你的信息，那么时空距离就会消失。”

幽默，让女人成为最闪亮的明珠

幽默的语言往往能产生“四两拨千斤”的力量，取得举重若轻的效果。在与人交际的过程中，你看穿了别人的想法但又不便于直说时，不妨使用幽默的语言，相信这肯定能达到预期的交际效果。

幽默的语言表达是女人成功社交的捷径，也是一种赢得好感的方法。幽默的语言能够帮助女性与他人建立和谐融洽的关系，赢得他人的支持与欣赏。在生活中，一个女人无论从事什么工作，无论身处何种地位，都免不了与人交往。而幽默的语言则是交往中的一把金钥匙，不仅能帮助女性更好地与他人进行有效的沟通，还能大大地提升她们的形象魅力以及亮丽风采。

有人说：“幽默是一种人生态度。”幽默的语言能使紧张的气氛顿时变得轻松活泼，能让他人感到善意，让对方更容易接受你。幽默本身就是一种令人愉悦的特性，一旦女人沾染了这种特性，就会变成最受欢迎的女人。

索菲利亚用午餐时，一位老妇人走向她的餐桌，举起手摸了摸她的脸庞。老妇人带着歉意说：“我看不出它有多好。”索菲利亚风趣地说：“省省你的祝福吧！我看起来也没多好看。”

索菲利亚那幽默的语言，打破了双方的尴尬局面。聪明女人要想在交际场合给人留下一个好印象，就要善于运用幽默的语言，无论处于什么样的交际场合，幽默的语言都是我们用心积累的。你要明白，一个面带怒容或神色抑郁的女人，永远不会比一个面带笑容、说话风趣的人更受欢迎。

一句得体俏皮的话，立即缩短了你和对方之间的心灵距离，并获得好感；几句应付难题的机智回答，会让自己摆脱困境，并展示美好的自我形象，获得对方的赞美。

当然，如此的语言风格不仅需要幽默，更需要得体，这样才能收到良好效果。

一次，一位女钢琴家在美国迈阿密州的福林特城演奏，结果发现到场的观众不到五成。这让她既失望，又尴尬。但是，她并未因此取消演奏，而是以幽默的语言打破了僵局。

女钢琴家微笑着走上舞台，对前来的观众说：“我想这个城市的人一定很有钱，因为我看到你们每个人都买了两三张票。”

话音一落，大厅里立即充满了笑声。

这位女钢琴家的幽默就在于她对空座位的原因的解释虽然荒诞，

但却很奇妙。如此幽默的语言表达让观众少了沮丧，多了喜悦。有时候，说话荒诞一些，风趣意味就会强一些。在日常交际中，我们可以通过场景来发挥幽默语言的表达技巧，戏谑是一种无攻击性的语言表达技巧，开个机智、哲理的玩笑，目的就是增加你对对方的亲切感。

一个女人，可以不漂亮，可以不可爱；可以不时尚，但必须学会幽默。如此，你才能进入更多人的视野中，才能更好地展现自我，被更多的人所熟知，所欣赏。幽默的语言是一个女人致命的吸引力，与这样的女人交谈，无论多久，你都不会厌倦，因为你在交谈过程中感受到了前所未有的愉悦。

有幽默感的人，永远有个好人缘

幽默往往以使人愉悦的方式表达人的真诚、善良和大方，它就好比架设在人与人之间的桥梁，有效地拉近了人与人之间的距离，消除了人与人之间的隔阂。

幽默的力量是不容小觑的。在现实生活中，有可能仅仅一句风趣的话，就可以令身边的人对自己刮目相看。

当然，我们不能过分地夸大幽默的作用，但幽默最大的特点就是能够使人感到快乐，不是吗？幽默是人类独有的特质，是智慧的体现，因为它可以化解许多人际间的冲突或尴尬，可以化怒气为豁达，同时还会给身边的人带来许多快乐。那些富于幽默的人走到哪里都会受人欢迎，因此我们可以说，幽默可以缩短人与人之间的距离。

有一次，九十多岁的民谣学家钟敬文和朋友们一起参加一个宴会。

酒菜上来之后，他站起来说：“你们吃吧，我是个无‘齿’之徒，对付不了这些东西。”

大家听后，都发出了善意的笑声，随后少了一些拘谨，多了一些随意。

过了一会儿，老先生特地要了一份汤面。他自嘲道：“我是欺软怕硬，你们千万别学我啊！”

他说这句话既对自己“搞特殊”作了一个比较好的解释，同时又避免了给别人带来的不便，打破了窘迫尴尬的局面。既让人们看到钟敬文可爱的一面，也增加了他和朋友们的感情，同时还让整个宴会充满了和谐气氛。

或许，在宴会中，许多人对这样一位年事已高的老人多少有一点敬畏，少一份亲近。老人如此幽默表达，自然令自己变得和蔼可亲起来，甚至成为一个风趣的老头。一时之间，大家的心理距离被拉近了。

幽默是什么？幽默就是快乐，无比的快乐。幽默带给我们最多的就是快乐，生活中，只要我们稍微动动脑筋，可以说人生处处充满了幽默，处处充满了欢声笑语。幽默的力量，不仅仅是化解困境，更关键的是在化解尴尬的同时能带给我们快乐。人生就好比一张白纸，我们可以乐观地在这张白纸上画出美丽的图画，也可以悲观地画出沉闷的基调，只要我们心怀阳光，乐观积极，那我们就会用幽默来驱散内心的不快，把自己变成一个无比快乐的人。

一位年轻人骑着新买的摩托车在大街上闲逛。不料，“咣当”一

声，那崭新的摩托车撞上了小轿车，幸好人没事。

小伙子一边查看那辆崭新的摩托车被撞后的残骸，一边对围观的人说："唉，我以前总说，有一天能有一辆摩托车就好了。现在我真有了一辆车，而且真的只有一天。"

围观的人听了，都哈哈大笑起来。

在这个小故事中，对这位年轻人而言，自己的摩托车被撞已经是无法挽回的事情了，但天性乐观的他并不把这件事放在心上，而是善用幽默的力量，这样既减少了自己的痛苦和内心的不愉快，同时还给围观的人带来了快乐。

幽默的特点是机智、自嘲、调侃、风趣等。幽默不仅能给我们带来快乐，同时还可以消除敌意，缓解摩擦，化解矛盾。那些富于幽默感的人，通常会拥有好人缘，较快缩短人际交往的距离，从而赢得对方的好感和信赖，而那些缺乏幽默感的人，则会在一定程度上影响交往，而且会使自己在别人心目中的形象大打折扣。

幽默的人，走到哪里都让人觉得亲密无间

也许你的长相并不能吸引人，也许你还不是一个成功人士，没关系，这些都不影响你成为一个幽默的人。先幽默起来，幽默会给你带来亲和力，而对有亲和力的人来说，成功大多不会太远。

跟气势压人的演说相比，它可能缺少言语上的磅礴；跟语重心长

的说教相比，它或许没有正襟危坐的严肃；跟风花雪月的辞藻相比，它绝对不会无病呻吟地哀叹……幽默，虽然不过是几个诙谐的手势、几句机智的话语，然而，它却有能够有春风化雨的魔力，能使紧张的气氛轻松起来，使陌生的心灵瞬间亲近。

跟幽默风趣的人聊天，大家会觉得非常轻松愉快，气氛融洽。朋友聚会，因幽默者而红火热闹；面对严肃的上司，幽默下属出语诙谐，松弛其拉长的面孔；面对拘谨的下属，幽默上司妙语解困，缓和其紧张的心情；枯燥的会议，因幽默的职场达人而谈笑风生。即便是参与紧张的商业谈判，在激烈的讨价还价之余，适时来点儿幽默，对顺利地达成协议也大有助益。

幽默的人，更容易令人亲近；幽默的人，使接近他的人有机会享受轻松愉快的气氛；幽默的人，能为自己的人生增添更多的光彩。反过来，一个不苟言笑、缺乏幽默感的人，其人际关系通常会大打折扣，人们见了他也会敬而远之。

学校里一位新来的老师要上观摩课，听课的除了有第一次见面的学生，还有学校教务处的领导。

为了消除彼此之间的陌生感，老师在讲课之前先做了一个自我介绍，他说："我来自美丽的沿海城市深圳，我姓钱，不是'前途'的'前'，是'没有钱'的'钱'。"

一句幽默的开场白瞬间把同学们和在场观摩的老师们给逗笑了。老师跟大家的距离也因此缩短了许多。

随后，老师抑扬顿挫，娓娓道来，课堂上时不时传出愉快的笑声和热烈的掌声，大家如同久别重逢的老朋友，一见如故。教学效果也非常不错。

幽默具有极大的包容量和亲和力，它不仅可以使人轻松营造和谐的氛围，更可以迅速缩短人与人之间的心理距离，达到人我交融的美好境界。

抗战胜利后，张大千准备从上海返回四川老家。

临行前，众好友设宴为他饯行，并特邀梅兰芳等人作陪。宴会伊始，大家请张大千坐首座。

张大千说："梅先生是君子，应坐首座，我是小人，应陪末座。"

梅兰芳和众人都不明白他的意思。

张大千解释道："不是有句话'君子动口，小人动手'吗？梅先生唱戏是动口，我作画是动手，我理该请梅先生坐首座。"

满堂来宾为之大笑，并请他俩一起坐首座。

张大千自嘲为小人，表面上看是自贬，实则"醉翁之意不在酒"，这句幽默的解释既表现了张大千的豁达胸怀，又营造了宽松和谐的交谈氛围。

幽默是一种智慧的表现，拥有幽默感的人到哪里都受人欢迎。它不仅能化解许多人际关系中的冲突或尴尬，还能给别人扩大其思维的余地，以便有机会反躬自省。幽默的神奇之处，在于它可以使人怒气顿消，雨过天晴，可以带给别人快乐，缩短人与人之间的距离。

Part 5

幽默的话语
能让任何人都喜欢你

谁都希望成为社交场的中心，谁都希望让别人听自己的，谁都希望成为一个幽默的人。哪怕知道自己不能成为幽默的人，你也会很希望和一个幽默的人聊天。在各种各样场合中，你想说服对方、劝慰对方、赞美对方时，就更需要懂得幽默，让你的话听起来舒心，让你走到哪里，都不会惹人烦。

幽默的人不仅风趣，更有风度

对于展现一个人的风度而言，语言是一面很重要的镜子。在与人交际时，如果能做到谈吐幽默风趣，就能为个人形象加分，从而让你更容易交到朋友，并增进人际关系的和谐。

生活中，话语中带些幽默感能够让朴实无华的表达更富变化，并给人带来一份惊喜，使听者在交谈时感觉到自己的良好风度，从而产生交友的愿望。幽默，既能够锦上添花，也能雪中送炭。

李雪健因为扮演焦裕禄，同时获得了中国第八届电影金鹰奖以及《大众电影》第十四届百花奖最佳男主角。

在颁奖仪式上，他面对现场观众说："苦与累都让一个好人焦裕禄受了，名与利都让一个傻子李雪健得了。"

这风趣并有内涵的话语立刻博得如雷的掌声。

李雪健独具匠心的致谢辞体现了他的良好素质以及谦逊的品格。他并没有像别人那样来一通感谢导演或家人之类的感言，而是用幽默的言辞揭示了演员与角色的对应关系，同时表达了自己最真实的感受，获得观众们的共鸣，从而博得大家的喝彩与尊敬。

通常，那些有风度的人可以较好地克制个人的情绪波动，从而保持自己的仪态，显得落落大方。在生活中，只要我们多注意，就能发现不少有风度的人物，在这些人身上散发着一种独特的魅力。即便是在一些很小的场合，这些人也能够充分地展示出他们的良好素养。

美国人大都非常幽默。有一位美国顾客在喝咖啡时看到杯子里有一只苍蝇。

于是，他喊来服务生，和颜悦色地对服务生说："你好，尽管我认为在颜色单调的咖啡里加一些点缀是个不错的主意，不过你应该把苍蝇和咖啡分开来放，这样可以让那些喜欢的人自己添加。你觉得这个主意如何？"

服务生立刻愧疚地连连道歉。

这位美国人并没直接数落教训服务员，而是用幽默的言语委婉地批评了对方。这样的方式柔中带刚，既能让对方易于接受，也不会损害自身的形象。这种随机而生的幽默智慧的确令人叹服。

在正式场合，就更应该注意风度了，特别是那些公众人物，因为自身形象的好坏对公众影响巨大。无论是面对多么不利的境地，公众人物都应权衡利弊，尽可能地创造一个轻松的谈话环境，缓和紧张情绪，从而保持轻松平和的心态与风度。

布什有一年曾到某个国家出席一次新闻发布会。

当他正在台上演讲时，居然有一位记者向台上的他投掷了两只皮鞋，以表达自己对美国人的极端愤怒和厌恶。

经过短暂的惊愕，布什很快恢复平静，并且很幽默地开口说："我能报告大家的就是，这鞋子是10码的！"

在这里，我们不谈国与国之间的是与非，在如此境遇之下，布什表现出来的良好风度，是非常值得我们赞赏的。假如他因此事发狂，只会成为各国媒体的笑话，但他用幽默机智的话语，不但消融了此次风波，更展现了作为一个国家领导人的良好风度。

很多名人都懂得如何在日常生活中运用幽默口才，特别是在自己遭遇尴尬或灰心失意时，用幽默帮助自己恢复快乐的心情，体现了良好的个人风度。

幽默的赞美，舒心更加开心

愿意听到别人赞美自己是人的天性。一个人若受到赞美，就会由衷地感到高兴并对赞美者产生好感。谁都喜欢被赞美和夸奖。赞美就像微风雨露，能够在乍暖还寒时催开真诚的花朵。如果在赞美时能适当添加幽默元素，会令对方在接受自己的夸奖和赞美时，还能感受到温暖和真诚，会给人生增添一丝甘甜。

任何人都喜欢正面的赞美，而不喜欢负面的批评。假如我们能真诚地赞美对方，并适当加入一些幽默的元素，不仅能让对方欣然笑纳你的赞美，更能迅速拉近彼此的距离。比如，你要称赞某位男士帅气，可以这样说："本来一直以自己的风流倜傥、玉树临风而自豪，一看你我就没这种感觉了！"

听了这话，对方必然会哈哈大笑。笑，具有无法想像的魔力，你只要能让他发笑，那么他就会反馈一些良性的回报，使我们更为自信、更有魅力，进而形成人际关系的良性循环。

《调谑编》记载了一件关于苏东坡的趣事：

北宋诗人郭祥正有一次途经杭州，把自己写的一首诗拿去给苏轼鉴赏。可能是对诗作太过得意，郭祥正不等苏轼细看，就声情并茂地吟咏起来，直读得感情四溢，声闻左右。

读完诗后，郭祥正问苏轼："请问，这诗能评几分？"

苏轼不假思索地说："十分。"

郭祥正有点不敢相信，疑惑地问："苏老师，你不要客气，我这诗真的能得十分？"

苏轼点点头说："你刚才吟诗，七分来自读，三分来自诗，不是十分又是几分？"

从苏轼的评语来分析，郭祥正的诗恐怕并不是很好。但是，郭祥正能如此热衷于写诗，并全心投入地加以朗读，让苏轼也不想泼他的冷水，反而想适当地赞美他一下，以示鼓励。这种赞美自然不能太夸大其词，让郭祥正自已搞不清状况，所以苏轼给他打了个十分，但又告诉他这十分读占七分、诗占三分，使得这赞美有了一种再接再厉的鼓励意味。

生活中，假如你不得不说一些赞美话，千万不要咬紧牙关说谎，也没必要把对方吹得天花乱坠。倒不如向苏轼学学，小小地赞美一下，更多地给予鼓励，这比乱扣"高帽"式的赞美要受用得多。

当然，夸奖别人也不能无所顾忌，我们应该本着一颗真诚之心去夸奖别人，不要让别人觉得你言不由衷。另外，我们夸奖的内容应该是对方所在意的，就像那位士兵称赞拿破仑不喜奉承一样，必须把话说到对方的心坎里。比如，见到中年女性，我们可以称赞她们身材苗条、婀娜多姿；遇到老年人，我们就要称赞他们身体硬朗、精神矍铄，等等。最后，赞美一定不要太生硬，要加入适当的幽默作为润滑剂。

想成为幽默达人，就得让世界都是你的

俗话说，师父领进门，修行在个人，模仿与学习只是开始而非结束。要想成为一个幽默达人，需要将幽默和个人特点融为一体。

明末清初戏曲家李渔说："妙在水到渠成，天机自露，我本无心说笑话，谁知笑话逼人来。"这句话说的就是幽默的最高境界——真实自然、不做作。不过要想达到这种水到渠成的效果，需要把幽默融入个人品性之中才能做到。假如一个人能充分消化吸收技艺性的幽默，并同时结合个人特质，形成独具匠心的个性化幽默，就可以逐步形成融合了个人特色的幽默风格。

说起幽默，它并没有什么好或者更好之说，因为适合自己的就是最好的。

美国前总统柯立芝最初的职业是律师。这让他形成了严谨的处事风格。当然，并非严肃的人就不懂得幽默。柯立芝在当选总统后，他的谨言慎行也不能盖住他那极富讽刺色彩的幽默风格。

柯立芝素日沉默寡言，很多人就以能和他交谈为荣。

有一次宴会上，一位夫人坐在柯立芝身边。她想方设法要让柯立芝和她多聊几句。她说："柯立芝先生，我跟别人打赌，我一定可以

从你嘴中引出三个以上的字眼来。”

柯立芝立即回答说：“你输了！”

还有一次，一位社交界名媛和柯立芝并肩而坐。她在口若悬河地高谈阔论时，柯立芝一言不发。

最终，她对柯立芝说：“总统先生，您过于沉默寡言了。今天，我一定要设法让您多说几句话，至少得超过两个字。”

柯立芝咕哝了一句：“徒劳。”

这便是柯立芝的风格，不鸣则已，一鸣惊人——他在保持自己风度的同时，还透露出潜在的幽默。

文学大师钱钟书也同样具有个人风格鲜明的幽默，并且其幽默经常引经据典，体现出一种独有的大智慧。他的许多幽默段子简直是神来之笔，就像小孩子般顽皮，天真自然。就以他的作品《围城》为例，俯拾皆是风趣和幽默。

书中提道：“房子比职业更难找，满街是屋，可是轮不到他们住。上海仿佛希望每个新来的人都像只带壳的蜗牛，随身带着宿舍。”

当调侃方鸿渐购买假文凭时，钱钟书写道：“这一张文凭，仿佛有亚当夏娃下身那片树叶的功用，可以遮羞包丑。”

钱钟书的幽默无不浸透着思想以及文学的气息，充溢着关于人性和社会的真知灼见，令读者一边大笑一边沉思。他的幽默符合他文学大师、语言大师的身份，每个字词都充满了他对人性的态度和对当时男男女女的嘲讽，这些都已成为其独特的标签，无人可以超越。

马克·吐温也是一位幽默大师。他在生活中的行为举止就如同他的小说作品中刻画的人物，在怪异中显露出幽默与讽刺。

马克·吐温日常穿着非常随意，他妻子常为了他外出做客时不穿衣领、不打领带而发牢骚。

有一天，马克·吐温照旧这样外出归家。妻子依然对他的服装唠叨抱怨起来。

马克·吐温实在忍不下去了。他找出一只衣领和一根领带，并且认真包起来，然后派人把它们送到刚才做客的朋友家去，并附上了一张纸条。

纸条上写着："在刚才拜访您的半小时中，我没有穿衣领，也没打领带。现特地送上这两样东西，请您对着它们看半个小时，然后再给我送回来。"

看得出，他是不满妻子的抱怨和唠叨，因此使用这种幽默的方法来解决问题。没准他的小说中充满幽默的根源就在于他自己的生活。

在当代社会，凡事都讲究包装以及推销自己，这就需要提高自己的辨识度，并且最大限度地让自己的一切个性化。幽默也是一样，就像借来的东西最后得还回去，只有达到"一切都是我的"之境界，才能称得上真正的"幽默达人"。

幽默劝慰，在笑声中忘掉痛苦

在我们身边，有许多人渴望得到宽慰，有可能是失业的朋友，有可能是身患绝症的同事，有可能是正经历婚变的大学同学，有可能是患重病的亲人等。面对困境中的他们，我们能帮什么忙呢？对我们而言，目击他人的伤痛与不安，是一件异常痛苦的事情，我们经常会想办法解决它，或者采取某些行动。然而，有的人不懂得宽慰对方，或者为了避免说错话，选择什么都不说，错失了表达关心的机会。

事实上，当朋友需要支持，或者需要帮助时，我们应该尽可能地用言语去宽慰对方。可面对伤痛，太多的言语反而显得苍白无力，这时我们该怎么办呢？不如试着用诙谐的语言劝慰对方，在笑声中忘记痛苦与烦恼。这不仅是一种友善的行为，也会令对方心存感激，继而使彼此之间的关系更为亲密。

一个胖女人非常贪吃。除了一日三餐，她还各种零食不离口，最终导致消化不良。于是她前去求医。

医生看到她肥胖的身体，就知道是怎么回事了。除了给她一些助消化的药外，医生还对她说："我送给你开胃的一剂名药吧！"

胖太太忙问是什么开胃药。医生告诉她："饥饿就是最好的开胃药。"

胖太太明白了医生的意思，会意地笑了。

这位医生用幽默的方法间接地劝告胖太太要少吃，避免了直接刺激她"胖"的话题，因而获得较好的规劝效果。

要想成功地劝说对方，除了自己掌握真理之外，还应该掌握正确巧妙的方法，如果能巧用幽默，委婉提醒对方，更能打动人心。

有一位爸爸，总是自视甚高，在孩子面前，从来都认为自己是对的，把权威硬压在孩子身上。孩子想让爸爸意识到这个问题，但又怕伤爸爸的自尊，就采用了如下方法。

儿子问："爸爸，是不是大人总比孩子知道得多？"

爸爸答："那还用说！"

儿子又问：“那么，电灯是谁发明的？”

爸爸答：“爱迪生呀！”

儿子紧接着问：“那爱迪生的爸爸怎么不发明电灯？”

爸爸顿时哑口无言。

幽默地劝说他人，就要尽可能顺着对方的意思说，让对方感到劝导者是他的同盟，从而乐意听从劝说，并接受劝导一方的观点——这样，劝导成功的可能性才会更大。

在日常交际中，几个朋友闲来无事坐在一起聊天时，就可以把幽默语言作为一种增进感情、互相安慰的调味剂。假如朋友生病了，为了不提及对方的伤心事，我们不应该直接询问病情，而且即便算是一种安慰，也不会真正地消除朋友内心的阴影。这时，我们应该想办法给朋友带来一份好心情。幽默的语言就派上用场了。比如，你可以说：“你多么幸运啊，我也希望生点病，好让我安静地躺在床上休息几天。”这类幽默的语言往往是一种安慰病人的有效方法，而且还能够给对方带来欢乐。

一个因丧妻而患严重忧郁症的老年男子，对任何人的安慰都十分反感。

一天，一个老朋友登门造访，全然不提病情、疗法之类，只是问：“不知你是否想过，假如你先去世，而尊夫人还活着，那会是怎样一种情形呢？”

这位男子脱口便说：“噢，那对她来说太可怕！她该遭到多么巨大的痛苦呵！”

那老朋友听罢，便继续开导：“你看，现在，她却没有这个痛苦，那是因为你安然无恙才使她免除了痛苦，所以，现在你必须尽一分义务，付出一点代价，那就是以继续健康地活下去的决心，为你心爱的人免除痛苦。这代价是值得的！”

短短一番风趣的话，让那老人豁然开朗，同时，也令老友心中充满感激。人生在世，总会遭遇到诸多不幸，当我们健康幸福地活着时，也不要忽视了的身边的朋友、同事以及亲人的伤痛，适时为他们送上亲切的宽慰之语，令他们充满感激。若他日我们有了什么困难，他们也不会袖手旁观的，这就是人情所在了。

有时候，劝慰语言并不是一本正经地表达某种同情，它可以诙谐一点，这样所表达出来的效果会更贴切。比如，安慰失恋的朋友，可以这样说“你虽然失去了一棵大树，但换来了一片森林啊”。

顺藤摸瓜，找到“笑点”来幽默

钱钟书曾说过这样一句话：“幽默能减少人生失意的严重性，绝不要把自己看得严重，真正的幽默是能反躬自省的。”这不仅对人生是幽默的看法，它对幽默本身也是很幽默的看法。

美国白宫新闻秘书詹姆斯·布莱狄前额曾经受过弹伤——当时，他血流满面扑倒在地。很多新闻机构都公布了他死亡的消息，因为谁都以为大脑受此重创的人不可能活下来。

但是，詹姆斯最终不仅活了下来，还逐步克服了半边大脑受损导致的行动不便，可以骑马和妻子出游，像以往那般幽默。

有一次，他对采访的记者说："幽默让我能撑下来。虽然厄运能打击我，不过它打不到幽默感的那种深度。"

幽默的实质就是面对不同环境所采取的乐观态度。一个人能拥有什么样的人生，就在于他怎么看待自己。

假如人们把事情看得过于严重，人生就会沉重不堪；反之，假如人们能轻松面对一切艰难，那么人生就会变得轻松。

是的，或许态度并不能改变事实的存在，发生在人们身上的各种不幸遭遇，并不因为看法的改变而离去。但是通过轻松、幽默的方式，却能令人摆脱困顿的束缚，并将注意力转移到好的地方，为自己和他人打开一扇新的窗户。

纽约有一处隧道塌陷。警员救了一位老者，发现恰好是自己的邻居。他知道这位老人本来就是左脚微跛的，忙问他："还好吧？"

老人笑着回答："再好不过了，因为今后我的两只脚再也不会不平衡啦！"

警员十分惊讶地问："怎么？难道你的左脚好了？"

"不是，是因为我的右脚也跛了！"

是啊，已经发生的事实不能改变，能够改变的只能是自己面对事情的看法和态度。

有一位父亲带着孩子到公园去玩时，孩子不留神从秋千上摔了下来，大哭起来。

父亲马上去安抚。在确定孩子没有受伤后，父亲幽默地对孩子说："来，咱们跟大家说，今天的表演到此结束，请各位来宾掌声鼓励。"

旁观者听了，都哈哈大笑起来。

可见，幽默的力量能扭转任何局面。

飓风来了，把一个女人的房子吹垮一半，她居然化悲为喜。

当她从地下室爬出来时，其他人都在哀叹“这真是一场悲剧”，她却幽默地说：“反正不管怎样都得搬家，现在我什么都不用打包了！”

学会消遣自己，无疑是人生旅途中一个很重要的课题。也许有人会问：“当遇到挫折或压力太大时又如何能笑得出来？”是的，这的确很难，但正因为很困难，所以此时才更需要笑出来。作家凯萨琳·费丝曼也曾说过：“当我们能够对自己所遭遇的不幸与挫折一笑置之，甚至有雅量自我解嘲时，就代表我们已经不再畏惧失败了。”

雯雯的老板脾气很坏，对下属要求很严苛。

雯雯拿了一份公文进去，却听老板怒骂道：“你写的这是什么东西，我看只有中学生的水平！”

不一会儿，雯雯面带微笑出来了。她对感到惊愕的同事们解释说：“看我进步多快，昨天老板才骂我是小学水平，今天我就有中学水平了。”

要想在发生坏事情时还能笑得出来，秘诀就是找到其中的好笑之处，顺藤摸瓜找出“笑点”来。

举例来说，人生常常祸不单行，旅途不顺利，被骗的经历匪夷所思，计划好的事出了意外，演出十分无聊，客户故意刁难，售货员态度粗鲁，学生笨拙，医生无能为力，飞机降落前在上空久久盘旋……啊，当事情变得更糟糕、更离谱时，往往结果就会越好笑。

是地狱，还是天堂，仿佛就只在这一念之间。

幽默这事急不得，一步一步慢慢来

古人说：“妙在水到渠成，天机自露，我本无心说笑语，谁知笑语逼人。”幽默也是如此，需要厚积薄发，不可急于求成。

学会使用幽默的语言是有过程的。我们可以将这过程比喻成建一栋高楼，若没有几米深的地基，就不会有高楼的拔地而起，不盖第一层和第二层楼，就不会有最高层。这是一个需要不断沉淀造势的过程。成功的光芒只有在盖完最后一层时才可以显现出来，才能“一句中的”天下乐，让幽默取得良好效果。

在《正大综艺》节目中，有一次，赵忠祥手拿一张画有绿色圆圈的纸，问：“杨澜，请你当着大家的面，说说我手里拿的这是什么。”

杨澜回答：“这不是一张画吗？哦，我知道啦，您这个画的是一个西瓜，可是也太简单了。”

赵忠祥说：“哦，不对，你再猜猜。”

杨澜说：“啊，不是西瓜啊，那是小号西瓜？要不就是绿皮香瓜。”

赵忠祥说：“为什么要想得那么复杂呢？”

杨澜说：“哦，我知道了。这就是一个绿圆圈。”

赵忠祥说：“不能算正确。”

杨澜说："那我可猜不出来了，您还是告诉大家吧！"

赵忠祥说："我手里拿的是一张画有绿圈的纸。"

台下观众笑了，台上杨澜也笑了。

这个幽默由4个环节组成：悬念——渲染——反转——突变。有时可以隐含或省略一些环节，但这4个环节却是客观存在的。赵忠祥显然是有意创造幽默：他首先出示"画了绿色圆圈的纸"，这是悬念的制造；然后不断地"卖关子"渲染，以引起大家的关注和期待；而"为什么要想得那么复杂"则是反转，是引而不发的心理迁移；最后，当杨澜泄气时，赵忠祥揭示让人意想不到的谜底，便是突变。

幽默的特点就是，不动声色地制造出悬念，并引而不发地加以渲染，最后再轻描淡写地反转、突变。其最忌讳的是"幽默预告"。假如，赵忠祥先对观众说："现在我向杨澜提一个幽默问题。"这么一说，"幽默"必然会荡然无存。

20世纪初，有个美国的香烟商人到法国做生意。

这天，在巴黎某个集市上，他大谈吸烟的好处。突然，从人群中走出一个老人，径直走到台前。那位商人吃了一惊。

在台上站定后，老人大声说道："女士们，先生们，关于吸烟的好处，除了这位先生讲的以外，还有三个好处！"

美国商人一听这话，赶紧向老人道谢："谢谢您了。先生，看您相貌不凡，必然是位学识渊博的人，请您把抽烟的三大好处当众讲讲吧！"

老人微微一笑，说道："其一，狗害怕抽烟的人，看见就逃。（台下一片轰动，商人暗自高兴。）其二，小偷不敢去偷抽烟者的东西。（台下连连称奇，商人越发高兴。）其三，抽烟者永远不老。（台下已惊作一团，商人更加喜不自禁。)”话音刚落，听众便纷纷要求解释。

老人把手一握，说：“请安静，我这就解释。”

商人也很激动地说：“老先生，请您快讲。”

“第一，抽烟人多驼背，狗一见到他，以为他是在弯腰捡石头打它，怎能不害怕？（台下笑声一片，商人吓了一跳。）第二，抽烟的人夜里常咳嗽，小偷害怕他没睡着，所以不敢去偷。（台下一阵大笑，商人直冒冷汗。）第三，抽烟人很少长寿，根本没有机会衰老。”

台下哄堂大笑，烟草商人趁机溜走了。

这位老人讲话一波三折、层层推进，逐步把听众的思维引向迷惑不解的境地，等将听众的胃口吊得足够“馋”时，才不慌不忙地抖出包袱，表明自己的本意。

按惯常思维来说，吸烟是应该遭到反对的，因为大家都知道吸烟的危害，当老人默不作声地走向大谈吸烟好处的商人时，大家都觉得老人要提出反对意见，而他却也大谈抽烟的好处。商人跟听众一样大惑不解，因而急切地想了解原因。最后，老人以幽默的话语给出了妙趣横生的解释。既让听众心情愉悦，又让听众免于被商人的欺骗性话语迷惑，意识到吸烟的危害性。事实上，老人所说的三条好处正是吸烟的三大危害。

幽默不能急于求成，假如迫不及待地将妙语趣事说出来，或是太早让人知道有趣的谜底，急于引人发笑，那就会显得操之过急。此时，由于铺垫不够，火候不到，幽默也必然会变得索然无味。所以，一定要娓娓而谈，不徐不疾，让听众对结果有错误的预期，且有一个缓冲思考的时间，然后再一语道破“天机”。但也不能大慢，太慢则会使听众忘了自己所期待和预期的是什么。

Part 6

尴尬场面，幽默帮你缓和气氛

在社会交往中，我们总会遇到一些出其不意的事，尤其是在公共场合，难免会遇到尴尬、难堪的事，怎么来应付这种场面呢？怎么做才能避免造成大麻烦呢？我们不妨来点幽默。因为，幽默不仅能缓和紧张气氛，并且还可以最快、最好地解决问题，使局面重新得到控制，从而化解尴尬。

场面若是尴尬，无伤大雅的幽默乐呵乐呵

生活中经常会发生这样的事情：有人在很多人面前说出你不想让他人知道的秘密或揭你的伤疤，从而让你窘迫万分，甚至大发雷霆。

遇到这种情况，怎样才能不失风度地维护自己的面子呢？

美国前总统林肯长相很普通。有一次，在一个公开场合，有人对林肯说："你长成这个样子，还出来干什么？还不如躲在家里别出来。"

毫无疑问，这话是非常不礼貌的。但是，林肯淡淡一笑，回答说："非常抱歉，我这是身不由己的。"

其实，"身不由己"这个词是就他的长相来说的，天生这样，他也没有办法。大家听了之后，都笑了起来，难堪局面也就此化解。

日常生活中，我们每个人都有可能被动地扮演这种尴尬角色。让你感到难堪的，可能是你的朋友、同事或者爱人。当着很多人的面，他们取笑你，或者告诉别人你不愿提及的往事，让你心里感到很不舒服。假如你因此而发飙，对方就会说他只不过是跟你"开个玩笑"

而已，还会说你一点幽默感都没有。

社交专家表示，如果跟这种人打交道，有两种不同的处理方式。

一种是消极的抵抗。要么被羞得恨不能找个地缝钻进去，要么情绪爆发大吵一架。当然，这会让你在别人眼中的形象一落千丈。

另一种是积极的应对。你可以巧妙地利用这些信息，把不利变为有利，不但可以有效地抵御“寻衅者”，还能让自己更受欢迎。

一位著名的社会学家曾经对这种窘迫调查研究了20多年。他指出，遭到公开的羞辱，当然没人会高兴，并且这也不是件可以轻易忽视的小事。当受到公开羞辱而受到情感伤害时，大多数人会失态、发火，或者一句话都说不出来。不过，你还有另一种选择——保持理智，控制交往情绪。

你不要花很多时间去琢磨：“为什么这个人要这么对我?”有些人是故意这么做的，也许是因为他们感到了你对他们的潜在威胁，也许是为了报复在他看来你曾做过对他不利的一些事。另有一些人则仅是心里憋不住事，试图一吐为快，却没有想到自己不经意的做法会给别人带来那么大的伤害。

去琢磨这些人的动机是非常不明智的。“对方很可能不知道你会介意这个事情。”当你向对方指出其言行失礼时，那些出于好意却拙于表达的人通常都会马上向你致歉。

不过，当时应采取什么样的办法去应对，还得看具体情况。你的老板或上司在同事们面前指责你，并且今后还有可能出现这种情况时，你可以这样回复上级：“这个问题我待会儿能否单独向你请教一下?”这样做既不失风度，又维护了你的自尊。

同样的道理，如果你曾被家人或朋友这样伤害过，与其采取他们对你的方式回敬，倒不如直截了当地向他们说明，他们的做法已经使你受到了伤害。如果他们还这样做的话，你可以进一步表示自己将不再信赖他们。这种应对能力一方面显示出你的清醒而健康的自尊与受人尊重的感情控制能力，又可以使对方相形见绌，可谓一举两得。

如果有个人在第二次使你感到这么窘迫时，你的措施就要相对严厉些，有时必须当场制止，对他说："你能否告诉我，为什么你总是有意让我难堪呢？"或者对他这样说："你看起来好像心情不大好，是不是我做了什么让你不高兴的事？"这种应对能表现出你宽宏大量的良好素养，从而获得旁人的尊重、对方的认同，使对方的态度快速改变，进而改善两人之间的关系。

当然，不管你采用的是什么办法，最重要的是一定不要失态发火，否则只能使"寻衅者"占优势，而且会招致更深的敌意。

不过，经过实践证明，对付这种尴尬的最好方法，就是运用自己的机智和幽默感来化解。下面这两位女作家之间的交往故事，值得大家借鉴。

一位作家写了一部书，反响很不错。出于妒忌，另一位作家走到她面前，不怀好意地说："你这本书写得不错。不过，不知道是谁为你代笔的呢？"

这位作家立即反驳说："很高兴你能夸奖我这本书。不知是谁念给你听的呢？"

对方嘲讽她不会写，而她则回敬对方不会读，既在情理之外，又在情理之中，用一个玩笑化解了尴尬。

事实上，每个人都不可避免会遇到一些尴尬事。当遇到这种情况时，我们一定不能大发脾气，那样只能使结局更糟糕，而是需要用智慧去解决，用幽默的心态对待，用幽默的语言去回敬对方。

说“NO”也有技巧，幽默的拒绝更轻松自在

学会拒绝是人际交往的一门必修课。拒绝别人需要技巧，太直接生硬的方式会让对方觉得难堪，甚至伤及双方关系。懂得随机应变，学会有技巧地说“不”，是每个人都应该学会的处世技巧。而幽默委婉地拒绝别人，能让人在人际交往中少一些尴尬，赢得更多理解。

有一天，还没成名的爱因斯坦在纽约街上遇到一位朋友。

“爱因斯坦先生，”这位朋友说道“你似乎有必要买一件新大衣了。瞧瞧，你身上的衣服多旧呀！”

“这有什么关系啊？在纽约，谁也不认识我。”爱因斯坦十分坦诚地回答说。

几年后，他们又一次偶然相遇。

此时，爱因斯坦已经成为著名物理学家。但是，他依旧穿着那件旧大衣。他这位朋友又不厌其烦地劝他去换一件新大衣。

“何必呢？”爱因斯坦答道，“现在，这里的每一个人都认识我了！”

在穿着方面，爱因斯坦跟朋友发生了分歧。第一次，爱因斯坦用直接的话语表明了自己的想法；而第二次遇见时，爱因斯坦重复使用

了第一次的句式，巧妙地坚持了自己的观点。他朋友一是无可奈何，二是感到了其幽默，便此后再也没提过这件事。

在与朋友交往中，我们有时还会遇到一种情况，那就是朋友会问一些你不愿意回答的问题。一旦遇到这种情况，避而不答就会显得自己非常不礼貌。此时，用幽默的方式来回避，将会起到很好的效果。

有一位朋友问普斯顿多大年纪，普斯顿若有所思地告诉他："40岁了。"

而10年后，这位朋友再次问普斯顿多大年纪了，普斯顿毫不犹豫地回答："40岁。"

这个朋友感到非常奇怪："怎么可能啊？10年前你就说过40岁了呀！"

普斯顿笑着说："正人君子是不会由于时间而改变一些事情的。例如，10年前与现在一样，我们都是朋友。你20年之后问我，我同样还是40岁，对吗？"

从此以后，朋友再也不向普斯顿问这个问题。

在这个故事中，主人公普斯顿其实很不愿意回答自己的年龄，第一次就有意回避了。而朋友在多年之后居然又对这一问题发问，普斯顿又不能坚决地拒绝回答这个问题，于是他就巧妙地将与朋友间的友谊也拉入话题中，使得朋友感到彼此友谊也在"不变"的范围之内。

在现实生活中，人与人之间的金钱往来是常事，朋友之间更是如此。但是，有很多人在面对朋友借钱、还钱之类的事情时，由于不擅长处理这种关系，导致双方大伤和气。有的人明明是不方便借给朋友钱，却不好意思拒绝朋友，担心这样会伤朋友的颜面。其实，在朋友之间表达自己的拒绝之意时，只要处理得幽默诙谐，是绝对不会让两人的关系陷入僵局的。

杰克和戴维是同学。有一天杰克看到戴维就很亲热地打招呼。杰克见戴维萎靡不振，便关切地问："你怎么了？好像很没精神呀！"

戴维心想，终于逮着机会了，便大吐苦水："最近我为了开新公司而到处借债，可是数额还差好大的缺口呢，所以我晚上愁得睡不着觉，你能不能帮帮忙呀?"

杰克很爽快地答应了，戴维高兴地离开了。

第二天，戴维收到了杰克拿给他的特效安眠药。

杰克借戴维表意不清的漏洞，故意忽略了主要问题，而装作误解戴维是向他求救如何改善睡眠状况，不仅避免了直接拒绝的尴尬，还堵住了戴维的嘴，让其不好意思再次开口借钱，可谓是一举两得。

其实，在浪漫的爱情之旅中，幽默语言更是不可或缺的调味品。幽默言语不仅可以增加情趣，制造浪漫气氛，特别是当一份感情难以维系时，以幽默的言语加以拒绝，可以避免让对方觉得难堪。

为了向心仪的女孩求婚，有一个男孩精心准备了一顿丰盛的晚餐。在气氛正好时，男孩说："只要你愿意，我想一辈子为你做饭。"

这个女孩并未做好结婚的准备，却又不想直接拒绝，便委婉地说："真是不好意思，我还想多吃几年自己做的饭呢！"

这个男孩借做饭这件事，拐弯抹角地请求女孩嫁给他，而女孩也借做饭这件事委婉地回绝了他，这样迂回的方式，让他们都为双方留下了一定的余地，不会让对方过于难堪。

从容应对，生活给你的每一次尴尬

生活总爱和人开玩笑，我们常常无法避免一些意外的尴尬。有时，你不经意间的一句话，就会给自己招来一些不必要的麻烦。遇到这种情况时，人们总会想方设法地去解释，试图澄清事实。但是有时候，事情却会越描越黑，越解释越说不清。此时，解决问题的关键，就在于是否能让别人信服你的观点。

在古希腊，一位名叫伊索的寓言大师极富智慧。

有一次，他的主人醉酒后失言，发誓要喝干大海的水，并以他的全部财产作为赌注。

第二天醒来，主人发觉自己失言了，极为懊悔。但是，全城的人早已得知此事，纷纷来到海边等候着，要亲眼看见他怎么喝干大海的水。

此时，束手无策的主人向聪明的伊索求教。伊索平静地思考了一番，然后就给主人出了一条妙计。

主人急急忙忙赶到海边高喊道："不错，我是说要喝干整个大海的水。可是，目前千万条江河不停地流向大海，这可就不好办了。如果谁能非常明确地把河水与海水的界线分开，那我保证能喝干真正的大海水！"

自然没有人能找到河水与海水的严格界线，并且把它们分开。于是，伊索的主人安全地渡过了这一尴尬的难关。

聪明的伊索面对主人的难题时，并没有像主人一样惊慌失措，而是平静地进行思考，仔细分析如何才能挽回主人的声誉。最后，他通过设立了一个不可能的前提条件，使这件不可能的事情被合乎逻辑地推掉了，从而化解了尴尬。

在社会交往中，我们总会遇到一些出其不意的事情，尤其是在公共场合，难免会遇到尴尬、难堪的事情，怎么来应付这种场面呢？怎么做到冷静处理，尽量地缓和气氛，以免造成更大的麻烦呢？这时，我们不妨来点幽默的方式。此时的幽默不但能缓和紧张的气氛，并且还可以最快、最好地解决问题，使局面重新得到控制，化解我们尴尬的处境。

众所周知，第一次登上月球的实际上有两个人：第一个家喻户晓，名叫阿姆斯特朗，而和他一起登月的还有一个人，名叫奥尔德林。在庆祝登月成功的庆功宴上，有一位记者出乎意料地问了奥尔德林这样一个特别的问题："阿姆斯特朗先下去了，他成为登月的第一人，你会不会觉得非常遗憾呢？"

场面顿时一下子尴尬起来，所有人都屏住呼吸等待奥尔德林的回答。奥尔德林却非常有风度地说："各位，你们千万不要忘了，回到地面时，我是第一个走出机舱的。"接着，他环视了一下四周说："所以，我可是由别的星球来到地球的第一人！"大家都被他的幽默语言逗乐了，宴会上顿时掌声如潮。

如果你能幽默地面对尴尬，借着逗笑的调剂，再大的尴尬也能够化解，这就使你能轻松地获得别人的理解和赞许。在一些公众场合，特别是像演说、演唱会这样的场合，舞台上的人受到的是全场乃至场外更多人的关注，所以，他们的形象显得尤为重要。但是在这种场合，也免不了要出现一些意外，让他们陷于尴尬的境地。这就需要他们具有应对突发事件的冷静和智慧，来巧妙地使自己摆脱这种预料之外的尴尬。

有位青年演说家参加演讲比赛，在上台时不慎被电线绊倒了。

正在鼓掌的观众们都怔住了，接着哗声四起。

然而，演说家从容地站了起来，微笑着说："你们的热情鼓掌真的令我倾倒了。"

妙语一出，顿时大厅里活跃起来，赞美的掌声响彻屋顶。

在面对突如其来的尴尬场景时，这位青年演说家并没有选择退却，更没有表现出恼怒的情绪，而是非常从容地把自己的跌倒与在场观众的热情联系到了一起。这样，不仅将自己从窘境中解救出来，还从侧面对观众给予了肯定。真可谓是一举两得！

有时难得糊涂，说些不着调的话

在生活中，一个人太明白，精明过人，这并不一定是一件好事。我们应该明白，太精明，在别人看来就是犯傻，忍耐有时候就是装糊涂，凡事不能表现得太聪明，这样反而对事情很有利。古人曰："水至清则无鱼，人至察则无徒。"确实是这样，一个人若是过分表现出精明强干的一面，可以说是一件坏事。不管是做事还是做人，假装迟钝一点，傻一点，糊涂一点，往往会比太聪明的人活得更智慧。

面对他人的攻击，揣着明白装糊涂，学会弯腰低头，是一种做人之道，更是一种生存之道。如果你的反应过于激烈，过于直接，那将造成大动干戈的局面，而这正是交际中的大忌。不管是他人的尖酸刻薄，还是不怀好意，我们需要忍耐，适时装糊涂，故意曲解对方的意思，或者幽默面对。

萧伯纳的名剧《武器与人》首演时，获得了极大的成功，他应观众的要求来到台前谢幕。这时候，有一个坐在前排的人高喊“糟透了”。

对这种无礼的语言，萧伯纳并没有怒气冲冲，他微笑着对那人鞠了一躬，彬彬有礼地说道：“我的朋友，我同意你的意见。”

他耸了耸肩，又指向正在热烈喝彩的观众说：“但是，我们俩反对这么多观众又有什么用呢？”

台下观众顿时爆发出更为热烈的掌声。

面对无礼者的言语攻击，萧伯纳并没有正面回应，而是巧装糊涂，忍受了对方的攻击。在回答对方时，无论是温文尔雅的举动，还是那半开玩笑的言辞，都显示出萧伯纳一种忍耐的修养和风度。

俗话说：“常在河边走，哪能不湿鞋。”在生活中，谁都免不了会遇到一些意想不到的事情，如果处理不好，着实使人尴尬万分。遇到这种情况时，想要化解难堪，假装糊涂、幽默应变是一个好办法。

杰西自称是个好猎手，他常对认识的人讲起他神奇的枪法。一天，他的朋友来邀他一起去打猎。来到河边，朋友指着游来游去的野鸭子，对他说：“快举枪瞄准呀！”

杰西连忙端起枪来射击，可是没打中，野鸭子飞跑了。他很纳闷

地对朋友说："先生，我这是第一次看到死鸭子还能飞哩！"

谁都知道死鸭子是不能飞的。杰西借糊涂掩饰自己射死了鸭子，荒诞中不失俏皮，用一句话使自己摆脱了窘境。

从表面看，"糊涂"一词是贬义，但它其实有很多深意，除却糊涂愚钝、不甚精明之外，它还蕴含有大智若愚的意思。在幽默的国度里，只要运用得当，"糊涂"也可以展示一个人的大愚若智。

巧装糊涂，不仅能使自己摆脱的尴尬处境，同时也能给对方以轻松，从而使气氛变得更加和谐，更有利于沟通。装糊涂的幽默和平和的人生态度是生活中不可或缺的元素。一个人是否懂得忍耐，也是对一个人的一种观念、一种素质、一种能力的检验。巧装糊涂，既可以给人们带来轻松的笑意和愉悦的心情，帮人化解危机，应付窘境，又使人们以更轻松、包容的心态看待人生。

冷幽默，实在不行就来奇招

冷幽默是那种听完后需要思索一番才能明白其中诙谐之处的幽默，是在不经意间流露出来的让人发愣、不解、深思继而大悟的幽默。大多数冷幽默内容比较奇怪，实际意义不大，而且比较无聊，是那种高深、深沉的哲人才玩得起的幽默。

热幽默是相对于冷幽默而言，一听就明白，使人大笑不已的幽默方式。简单地说，冷幽默是"卓别林"，热幽默则是"憨豆先生"。

对于我们来说，前者失之“费解”“枯燥”，后者失之粗俗傻气，都不是很好的幽默方式。恰当的幽默必须让人既能看得懂，又透露出智慧的闪光点，是含蓄婉转的，但绝不晦涩难解，就像几米漫画或经典语录，简单温馨的话语中透露出智慧和彻悟，诙谐中饱有内涵丰富的调侃打趣。

一个女律师在和男朋友亲密后讲了一个笑话：“接吻是行为人与相对行为人之间以行为做出的意思表示，但具有很高的不确定性，需要进一步的解释。”

结果，这个专业的冷笑话男朋友消化了很长时间也没反应过来。

幽默的方式如果过于直白，就变成喜剧加闹剧，固然能让人爆笑，却缺乏了一点让人冷静思考的智慧。如果自己的幽默不能让人会心一笑，没有回味的余地，这种直白的爆笑式，无厘头式的幽默最好不要表现出来，否则会显得自己涵养不够，太浅白粗俗。幽默的形式最好含蓄一点，生动有趣的语言和曲折的说法，能够产生足够的幽默效果，如果学会“把简单的事说复杂或把重要的事轻描淡写”而不过度则更能体现一个人特有的俏皮。

有一个小笑话是这样的。荷兰人和比利时人共同驾车出游，荷兰人突然问“我送你一样东西好吗?”比利时人答道：“那当然好，多谢”于是，荷兰人把车门玻璃摇下来对着比利时人用力扇了扇，说：“给你，很新鲜的。”

听了这个笑话，你肯定摸不着头脑。这个笑话其实是讽刺荷兰人有多吝啬。

我们可以用自己的专业术语或者文言文、半文言文、书面语来开玩笑，往往因为过于晦涩费解，而成为冷笑话。在冷幽默时，尽量用通俗的语言，便于受众能够听得懂接受得了，才会产生幽默效果，否则就容易冷场。

在冷幽默中，可以打趣，可以调侃，可以讥诮，可以戏谑，可以讽刺，但最好不要刻薄和嘲笑。情调要温馨，要平和，无论是批评还是讥诮，都要有度，要顾及别人的自尊心，不要过于挫伤别人，别人才可能接受你的幽默。比如，一个人眼白较多，朋友戏称“白眼狼”，虽然你有“戏谑”之意，但在对方看来，是一种“揭伤疤”，自然不能欣赏你的幽默，还可能因此而产生反感。

幽默也要适度，不但冷热温度要适中，还要注意不要过多、过滥、不顾场合、不顾对象，没大没小，没有分寸。一定要把握好尺度和温度，巧妙的风趣语言才称得上真正的幽默。

身处困境，别忘了找幽默帮个忙

当我们处境尴尬时，以幽默调侃的心态来活跃气氛，消除紧张，不但能够使自己找到台阶下，也会显现出一个人的可爱和睿智来。

在与人交往时，不可能总是一帆风顺的，总有遇到尴尬时，不同的人对此有不同的反应，有的人会拍案而去，有的人会无言以对，而善于为人师的人，则总是能用风趣的言语化解尴尬，缓和气氛。

罗斯福获得第四任总统连任当天，一位记者对他进行了采访，问他对连任有何感想。

罗斯福并未立即回答，而是请记者吃一片三明治。记者觉得很荣幸，就吃下去了；罗斯福请他再吃一片，记者又吃下去了；罗斯福请他吃第三片，记者好生奇怪，但还是勉强地吃下去了。

当罗斯福把第四片三明治又递给他时，记者说："谢谢您，总统先生，我实在是吃腻了。"

罗斯福微笑着说："那么请问，现在我还需要回答您刚才的问题吗?"

罗斯福把两件风马牛不相及，根本不具备可比性的事情牵扯在一起，巧妙地避开了对这个敏感政治问题的回答，显示了一个政治家高超的幽默智慧。

在我们身处尴尬或被人误解时，诙谐幽默的话语不仅会为我们挽回脸面，还可以活跃现场气氛，为我们赢得别人的尊重。每个人难免会遭遇尴尬，即使是具有一定声望与地位的名人也难以幸免。他们的应对更需要技巧，因为假如处理不当，很容易损毁自己花费心思艰辛努力而建立起来的社会声誉。此时，幽默应对是最好的选择。

除了日常社会交往，很多电视访谈节目也是一个非常重要的应对场合。一些具有主持技巧的优秀主持人经常会在节目中"为难"嘉宾，以制造娱乐效果，从而引发话题。而聪明的嘉宾总会在这时找到幽默的应对之法。

身高 1.68 米的主持人曹颖，在节目中遇到了身高 2.26 米的著名篮球运动员姚明。她丝毫不改麻辣主持本色，试图"为难"一下他。

于是，曹颖就问："请问你心目中女友的身高标准是多少呢? 1.68 米怎么样啊?"

姚明知道这是个套儿，就装作一脸无奈地回答："你这不是给我添麻烦吗？你这属于给我制造家庭矛盾呀！”由此，他岔开了话题。

然而此时，帮腔的来了，有人故作天真地问他：“在2.26米的高度呼吸到的空气，有什么不同吗?”

聪明的姚明想都没想就回答：“你们现在吸到的，都是我呼出的废气。”

作为一名优秀的篮球运动员，姚明也是一个聪明睿智的人。由于长期生活在媒体闪光灯之中，他已深谙访谈节目的技巧，所以可以沉稳幽默地应对。而他诙谐的回答，也让我们看到了他球场上专业形象之外平和幽默的另一面。

因此，在社会交往中，别忘了偶尔幽默一下，因为它会带你走出困境，重建社交自信，它还会让朋友感受到你的宽容大度，从而加深你们的友谊，它会让那些试图给你难堪的人望而却步。总而言之，当你身处尴尬之境时，别忘了找幽默帮一下忙。

幽默不仅能帮己，更是替他人解围的利器

林语堂说：“幽默是一种人生态度。”幽默的语言能使紧张的气氛顿时显得轻松活泼，化解交际中的尴尬情境。

在日常工作，幽默的语言风格无处不在，它成为我们与上司、同事交际的调节剂。其实，幽默能有效地影响他人心理，增进人与人之间的关系。有时候，身边的朋友或同事会陷入某种尴尬中，我们就需

要运用幽默来为他人解围了。

面对一些充满恶意的语言或尴尬场面，我们不需要硬对硬，应该换个角度看问题，用幽默来应对。这样就能够帮助他人摆脱尴尬处境，使整个气氛变得轻松愉快。

幽默是化解尴尬的良方，幽默的语言往往能够令人化怨为喜，开怀大笑，从而达到为他人解围的目的。当然，幽默的语言并不是油滑、浅薄的耍嘴皮子，而是一种智慧，它在传达信息的同时，还可以随机应变，往往能够帮助他人在瞬息之间摆脱窘境。

或许，我们身边的人不善于言辞，常常令自己陷入了难堪的境地。这时，身为朋友的你就要发挥幽默的天赋了，说上几句妙语，就能够令难堪的人缓过神来，摆脱尴尬的境地。所谓“帮人即是帮己”，你若是仗义帮他人解围，定能够赢得他人更多信任。

有位老师应邀到北京某大学中文系作家班举办学术讲座。

在谈到自己喜好的诗作、准备朗诵一段时，老师发现诗稿放在一个学员的课桌上，便走下讲台去拿。

教室是阶梯式的，老师上台阶时，一不留神栽倒在第二级台阶上，不少学员偷笑起来。那位老师脸红了。

这时，与老师一同前来的同事接过了话筒，指着台阶说：“你们看，上一个台阶多么不容易啊！老师想告诉我们这样一个道理：生活不容易，作诗也不容易。”

那位同事的话语顿时赢得了台下学生的掌声。

那位同事接着又说：“一次不成功不要紧，再努力！”

在他说话时，那位老师已经恢复了平静，微笑着走上了讲台，继续进行学术讲座。

那位同事通过此时此景，巧言化解了老师的尴尬。当然，在这个过程中，相信那位幽默的同事也给下面的学员留下了深刻的印象。幽默是一种说话的艺术，需要我们注意在特定的场合中察言观色，适时幽默几句，这样就能有效地帮助他人摆脱尴尬和窘迫。

事实上，生活中的任何事情都包含着两面性，其中的对与错、利与弊都是相对的。在帮助他人解围时，我们需要辩证地看待问题，扬长避短，这才是幽默打圆场的技巧。

理发店里新来了一个学徒。三个月后，他正式上岗。他给第一位顾客理完发后，顾客照照镜子，说："头发理得太长。"

学徒有些不好意思，头很低，一言不发。站在旁边的同事小王笑着解释说："头发长使您显得含蓄，这叫藏而不露，符合您身份。"

顾客听了，高兴而去。

学徒给第二位顾客理完发后，顾客照照镜子，说："头发留得太短。"

学徒脸红了，没想到顾客还是不满意。这时，同事小王笑着解释："头发短使您显得精神、朴实、厚道，让人感到亲切。"

顾客听了，欣喜而去。

学徒给第三位顾客理完发后，顾客边交钱边嘟囔："剪个头花这么长时间。"

学徒手足无措，同事小王马上解释道："为'首脑'多花点时间很有必要，您没听说：进门苍头秀士，出门白面书生！"

顾客听了，大笑而去。

学徒给第四位顾客理完发后，顾客边付款边埋怨："用的时间太短了，20 分钟就完事了。"

学徒又是不知所措。同事小王马上笑着抢答：“如今，时间就是金钱，‘顶上功夫’速战速决，为您赢得了时间，何乐而不为?”

顾客听了，欢笑告辞。

在这个故事中，小王真是能说会道，机智灵活，每次都能用幽默的语言为身边的同事解围，巧妙地打圆场。每次幽默的解释都使那位学徒摆脱了尴尬，同时，也让顾客转怨为喜，高兴而去。

以幽默的方式帮助他人解围，需要我们从善意的角度出发，以幽默的话语缓和紧张气氛、调节彼此之间的人际关系。这对于我们增进与他人之间的关系大有裨益。

Part 7

你在办公室里
会幽默，就是职场达人

幽默有助于我们的职业发展。职场中的幽默就好像空气清新剂，不仅能活跃气氛，给工作带来乐趣，还可以巧妙化解矛盾，传递信息，从而使彼此之间的关系和谐融洽。

幽默，说出不一样的职场氛围

兰卡斯特大学组织心理学教授卡里·库珀曾说：“懂得在恰当时逗一逗乐，能让人们知道你很坦诚、可爱，不是什么像机器人一样的技术专家，如果你仔细观察他们，会发现许多首席执行官都知道应该什么时候打出幽默这张牌。”

在日常工作中，要让大家开心，同时让大家喜欢自己，那最简单的办法就是让他们发笑。毫无否认，在工作场合，幽默有助于我们的职业发展。

幽默是影响他人的绝妙方法，也是营造和谐办公室最有效的空气清新剂。有时候，忙碌了一天，身体已经疲惫不堪，假如这时同事面面相觑不说话，那办公室里肯定充满着严肃而窒息的气息，这时不妨开个玩笑，说几句幽默的话，自然会为办公室营造良好工作环境。

一天，宋晓宏公司所在写字楼的电力系统出了故障，办公室陷入一片黑暗，楼道里不停地冒白烟。闻到异味后，各公司的人都冲了出去。个个紧张兮兮，不知如何是好。

一位物业公司员工灵机一动，向各公司职员发放健康手册，以此转移大家的注意力。

一会儿，宋晓宏公司的美国老板从办公室里冲了出来，问宋晓宏发生了什么事。宋晓宏扬了扬手中的自救手册，答道："我们正在研究自救手册，看看在危难情况下怎样保护自己。"

老板和同事们都被他逗得大笑。笑罢，老板又问："为什么不给我一本呢？"

宋晓宏接着说："我会马上为您翻译的。"

工作中，各种无法预料的事件层出不穷。当大家因某事感到无聊和紧张时，你不妨来两句幽默语调节一下气氛。一方面，让同事和上司都感受到你的幽默风趣、平易近人；另一方面，让上司特别注意到你，给上司留下一个不错的印象。当然，这种幽默要把握好尺度，千万不要让其他同事觉得你在讨好巴结上司。

公司有一位中年主管，风度翩翩，是不少女职员的梦中情人。在公司，有一个女孩喜欢与这位主管套近乎，引得同事们纷纷议论。

对此，总经理希望秘书可以提醒那位主管一下。秘书接到这个任务，犯愁了："这事儿叫我怎么开口呢？"

有一天，总经理、秘书和主管在办公室聊天。那位女孩兴冲冲地推门进来，看见总经理也在，觉得十分尴尬，就悄悄地退了出去。这时，主管也感觉浑身不自在。

过了一会儿，秘书好像插科打诨一样，念了一句苏小妹给秦少游出的对联："闭门推出窗前月。"总经理悄悄瞄向主管，只见那位主管若有所思，片刻后接了句"投石击破水中天"。

然后，他接着说："这秦少游还得感谢苏东坡呢！"顿时，秘书和主管相视而笑。

职场中的幽默就好像空气清新剂，不仅能活跃气氛，给工作带来乐趣，还可以巧妙化解矛盾，传递信息，从而使彼此之间的关系更加和谐融洽。苏三妹难新郎的一个对联，就委婉地表达了对主管的提醒，而主管也含而不露地接受了。当然，从那以后，主管开始注意自己的言行，把苗头扼杀在萌芽状态。

最近，办公室里所有人上班特别容易犯困，每个人的精神状态都不佳。

经理见状，把职员们召集到厂区的操场上，要求每位员工都围着操场跑上6圈，用来提神解困，增强体质。

小王平时就缺乏体育锻炼，当跑到第4圈时，他已经累得上气不接下气。小王壮着胆子向经理撒谎："报告经理，我都已经跑9圈了，为什么还不让我停下来啊？"

经理故作惊讶地说："是吗？那怎么办？我怎么好意思让你吃亏呢？那这样，你现在立即向后转，再跑3圈，这叫多退少补！"

这位员工原以为自己撒谎就可以停止跑步了，结果没想到经理幽默了一句"我怎么好意思让你吃亏呢"。试想，在这样的情况下，即便小王再没力气跑下去，心情也会大好的。幽默，可以为我们营造一个良好的工作氛围，在愉快而轻松的气氛中，大家觉得工作还会枯燥吗？

幽默的自我介绍，瞬间赢得同事好感

在日常工作中，不管初入职场，还是与客户见面，我们做得最多的就是作自我介绍。如何别开生面地介绍自己，给领导和同事留下一个深刻的印象，这才是自我介绍的重点。当然，我们一定不能拒绝幽默的介绍方式。两三句幽默而诙谐的语言，这不仅是特别的自我介绍，而且很容易吸引他人的眼睛，从此便记住了你。因为你的幽默，他们会记住你的名字，以及你身上风趣的品质。

诙谐幽默总是让我们快速拉近与陌生人之间的距离。不论在什么情况下，只要具备幽默的品质，我们就一定能出类拔萃，成为受欢迎的人。

星期五下午，小张去参加了一个面试。不知道是忘记了还是其他原因，小张竟然穿着休闲牛仔裤。经过口语听力测试、电脑水平测试之后，那位美国人的表情似乎在告诉小张："我非常满意。"

不过，那位美国人突然问："请问你为什么穿牛仔裤来参加面试?"

小张愣了一秒钟，急中生智，快速答道："今天不是周五吗? 周五不是便装日 Casual Day 吗?"

那位美国人听罢哈哈大笑。小张自然顺利地得到了那份工作。

当我们初入职场时，面试是一个很关键的环节，而面试中的自我介绍则是重中之重。假如我们急中生智来几句幽默，那定会给对方带来欢笑之余顺利过关。比如，有人去一家大公司应聘一个很不错的职位，结果把简历寄去了大约两周，对方就将抱歉信发给了他，或许是由于系统错误，对方连发了两封抱歉信。这个人毫不犹豫地回了一封信："既然您对未能录用我如此遗憾，为什么不给我一次面试机会呢？"可能是如此诙谐的回复逗乐了对方，后来这个人竟然得到了这个公司另一个更好职位的面试机会。有时候，幽默的自我介绍，可以助我们在职场之路走得更远、更稳。

有位老师微胖，在接手新班级后，自我介绍说："我最大的特点就是能够超水平地发挥带头作用。出门时，你们跟在我后面，夏天晒不着太阳，冬天吹不到冷风。怎么样，欢迎我这个带头人吗？"

又比如，有位老师很矮，他就对学生说："我一无所长，却身不由己，但民主意识很好，与同学平起平坐，绝不会高高在上，小心我会借你的漂亮小衣服来穿。"

还有一位姓梁的老师，他每到一个新的班级，就会在黑板上写下"梁""粱"两个字，让下面的学生说说这两个字的区别，等学生说完，再介绍自己姓梁，是栋梁的梁，让他们别把这个字写成高粱的粱，把老师当粮食给吃了。

老师新到一个班级，要想和同学马上打成一片，就应该得益于幽默的自我介绍。在上面所列举的三个案例中，老师以极度夸张的手法来嘲讽自己的某种缺点，在学生面前主动自嘲以体现老师心灵的豁达与乐观，同时也以幽默缩短了与学生的心理距离。

在日常工作中，我们需要自我介绍的场合有很多，第一次见领导，初次见同事以及会见客户等。虽然，这只是一个简单的自我介绍，将会影响到日后你在办公室里的人际关系。假如我们在作自我介绍时能融入几句幽默诙谐的语言，那自然会令人耳目一新，适时打动在场的人。

职场幽默些，同事相处融洽些

同事就是伙伴，和同事相处得如何，直接关系到能否做好工作。如果同事之间关系和谐，就能让大家保持愉快的心情，有利于工作的开展；如果同事之间关系紧张，矛盾重重，就会影响正常的工作秩序，严重的还能阻碍事业的发展。

幽默可以帮助人们在工作中和同事建立融洽的关系。一个人若能跟同事分享快乐，就能赢得同事的好感和信赖，从而获得同事在工作中的帮助，更容易实现自己的职业目标。甚至即使一个人与其他同事并不志趣相投时，对于快乐与欢笑的分享，也能让这些工作伙伴体验到心灵的默契。

西方有句谚语说，在仆人眼中没有伟人；同理，在同事眼中也没有完人。同事身上可能会有这样或那样的缺点，这是正常的，就如同你自己身上也有一大堆缺点一样。

在职场中，我们不必对同事期望过高，因为大家都是普通人。假如我们在同事身上发现对方阳光的一面，那么对方很可能也有阴暗的一面。反之，假如我们在同事身上看到了一些阴暗面，那也并不表明对方就没有阳光的一面。因此，我们在工作中应该宽容大度，要学会接受期待和现实之间的距离。

然而，有很多人只去挑剔同事身上的缺点，却忽视了同事的优点。有些人一旦抓住同事的缺点就进行讽刺挖苦。这种做法千万要不得。

张大猛人如其名，长相有些“猛”。由于青春期时长过痤疮，他脸上留下了许多疤痕。

有一天，一位同事神秘兮兮地跟另一个人说：“嗨！你来看一张图片，猜猜他是谁?”

大家凑过来一看，原来是一张橘子皮的图片。

有人明白了他的用意，便大喊：“你拿张大猛的照片干吗?”全屋爆笑。从此，张大猛就有了一个绰号“橘子皮先生”。张大猛既委屈又恼火。

公司总经理觉察到这件事，便对大家说：“最近有人说张大猛是橘子皮，同事之间怎么能这样说呢，太不照顾同事的情绪了。我宣布个事，从现在起，你们以后再谈到他的长相时只能说：张大猛，他长得很提神。”

一个真正懂得幽默风趣的人，总能发现同事的优点，并让自己对同事的行为保持一种乐观积极的态度，而非着眼于同事的错误与缺点。我们应该敞开自己的胸怀，去宽容、接受同事的小缺点和小错误，让彼此的关系更加融洽。

一般来说，很难看到同事优点的人，在工作中不会太顺利。在职场上，我们应该对同事宽宏大量，即便同事的身上有很多缺点，但这些缺点是他个人的问题，并没有对公司的利益以及你的发展构成威胁。

假如一个人善于体谅与宽容他人，那么他就会更关注同事身上的优点，能和同事更好地相处，他的工作就会相对轻松。但在现实中，同事之间总会发生很多矛盾，其实这往往就是“宽于律已、严以待人”造成的。

阿雅和小玲是多年的同事，两人隔桌而坐，情同姐妹，彼此也很默契。尽管如此，但有时也难免发生冲突。

有一次，为了处理上司交代的项目，两人有不同意见。在无法协调的情况下，她们居然发生严重的口角，彼此冷战，形同陌路。

到了第五天，阿雅实在忍受不了这样的工作气氛。为了打破僵局，趁小玲也坐在座位时，她翻箱倒柜，把办公桌的抽屉全部打开来东翻西找。

后来，小玲终于开口说话：“喂，你把所有抽屉打开来，到底在找什么?”

阿雅看看小玲，幽默地说：“我在找你的嘴巴和声音啦！你一直不跟我说话，我都快活不下去啦！”

两人扑哧一笑，重归于好。

具有个性化的幽默口才，我们就会对同事的行为着眼于它的光明面上，而不是着眼于它的错误和缺点。不管事实真相如何，我们应该了解并接受人性的小错，并借幽默增进同事间的工作关系。

有一次发薪水时，小赵的工资卡里面居然分文没有。当然，他没有像一般人那样气得暴跳如雷，或者破口大骂。

他只是跑去问财务部门的人：“怎么回事？难道说我的薪水扣除，竟然达到了一整个月吗?”

当然，小赵一分不少地得到了薪水。

小赵对同事偶犯错误持一种宽容的态度，而不把它看成一件了不得的大事，批评谩骂同事的愚蠢。借助幽默的方式，他跟同事分享了愉快的果实，这恰恰是不为所动、处之泰然的幽默能够收到的效果。

巧用幽默口才来跟同事沟通，以建议的方式来取代批评，对工作上出现的问题，用轻松的心态和你的同事一起面对。那么，你和你的同事才会融洽。假如我们以尖刻的批评去对待一位没有处理好工作的同事，就会造成失败的局面。那位同事会丢失他的自信心，而我们会失去他的信任，得不到应有的支持。只有“以对方为中心”，了解他人，时刻不忘幽默，才能真正打开沟通的途径。

一个宽容的人，别人都喜欢接近他，他由此能获得更多的支持和帮助。在职场竞争日益激烈的今天，有个好人缘是非常重要的。职场最讲究团队合作精神，身为其中一员，必须有全局意识。假如一个人遇事不够宽容，就会给他人留下目光短浅和心胸狭窄的不良印象。那种只看重眼前利益的短视之人，在现代职场上是不可能有大作为的。

没有没压力的工作，幽默就是解压的法宝

由于当今社会竞争异常激烈，工作压力已经成为职场人士的主要压力，若能处理好，压力就有可能转化成动力，但若处理不好，就会让人心烦意乱，并失去工作积极性，那么压力就会成为阻力。为了

提高工作效率，让工作变得更轻松，我们需要自我调节，来缓解工作压力。

幽默是自我调节方法中非常重要的一种，它能帮人缓解紧张情绪，驱逐挫败感，并能解决各种复杂问题。

有这样一家人，他们的家族专门从事危险的行业——用炸药爆破建筑物。可以想像到干这一行心理上会有多紧张。然而，这家人都很喜欢运用幽默来化解压力。

当记者与他们聊天时，他们就会讲一些荒谬的故事。有一次，面临一项大爆破工作，新闻记者来采访这个家族中的一员，问他怎么处理飞砂和残砾。他一本正经地说："我们跟一家生产包装袋的公司特地定制了一个巨大的塑料袋，然后直升机会在大楼上空把它扔下来。"

记者被逗得笑弯了腰。正是这些笑声，他们缓解了内心的紧张。

用幽默来缓解工作压力，会比一些抽象的理论更有效果。通常，与同事开几个玩笑，也可以缓解工作中的压力。

有两位来自不同保险公司的业务员，他们争相夸耀各自的保险公司付款有多快多及时。第一个说，在意外发生当天，他的保险公司就能把支票送到保险人手里。

"这算得了什么！"第二位打趣地说，"我们公司所在大厦有40层高，公司在23楼。有一天，有个投保人从大厦顶楼跳下来。当他经过23楼时，我们就把支票递给他了。"

与同事互开玩笑，工作伙伴们在一起笑时，不但缓解了自己的工作压力，也能帮同事保持轻松的心境。

其实当人们负责的工作种类繁多，并且头绪纷杂时，就很容易由于工作压力过大，而产生烦躁不安的情绪。这时，幽默就有用武之地了。

虽然幽默能帮人们缓解工作压力，但是，幽默也不是万能的。由于造成工作压力的原因多种多样，所以在缓解工作压力时，人们除了运用幽默外，还应学习并运用其他的科学的减压方式。

有专家建议，对于经常加班的人来说，应该保证适当的睡眠，规律饮食，加强体育锻炼，比如选择一些强度小的活动，像散步、跳舞等，都能在一定程度上起到平衡心态的作用。

意见可以提，但怎么提就是门技术

在职场中，下属时常需要向上司提出一些自己对所从事的工作的看法，或者对项目发展、业务开拓的建议。在表达看法或者建议时，有些下属常常因为在语言表述方面的失当之处，让上司对自己颇有微词，从而致使自己的一些看法或建议很难得到上司的认可。更严重的是，还有可能使上司对自己产生一些偏见，使自己在单位中的处境越来越不乐观。

其实，下属对上司提意见也是一件非常需要技巧的事情。在各种向上司提意见的方法之中，借助幽默是一种备受职场达人青睐的方法。

将军早晨来视察士兵时，顺便关心了一下士兵们的早餐。很多士

兵都含糊其辞地用“还行”“可以”来回答。只有一位士兵带着满足的表情说：“半片蜜黄瓜、一个鸡蛋、一碟火腿、一碗麦片粥、两个夹肉煎饼、一块面包，长官。”

将军疑惑地问他：“国王的早餐也不过如此！”

这位士兵恭敬地回答：“是的，长官，非常遗憾，这是我在餐馆吃的。”

将军在视察之后就下达了改善士兵伙食待遇的命令。

这位士兵很善于迂回地表达自己对军队伙食的不满，他的带有幽默俏皮的语言既令长官明白了那就是士兵想要的伙食标准，又令长官较易接受自己的意见。幽默就具有这样奇妙的力量。

金无足赤，人无完人，再优秀的上司也会有出现工作失误时，身为下属遇到这种情况时，通常有两个选择，要么装作没看见，要么给上司指出来。无论哪种选择，都应该让上司心悦诚服地认识到自己的失误，同时又不会感到丢了面子。

假如下属不能充分体察上司的心理变化，即便做的事对公司发展有利，万一遇到心胸狭窄的上司，就有可能在以后工作中被“穿小鞋”。因此，巧妙地向上司指出其错误，也是职场的一门必修功课。

汉武帝非常相信长生不老那一套。他对大臣们说：“朕听说假如一个人鼻子下面的‘人中’越长，就代表他的寿命越长；如果‘人中’有一寸长，那他就能活到一百岁。众位爱卿，这是真是假呢？”

东方朔当时就在一旁，心里好笑，嘴中就不自觉地“哼”了一声。

汉武帝勃然大怒，喝道：“你敢笑话我？”

东方朔连忙恭恭敬敬地回答说：“小臣不敢，我是在笑彭祖的脸太难看了。”

汉武帝听完，不禁大笑起来。

传说，彭祖历经唐虞、夏、商等，共活了八百多岁。如果人中一寸长就代表活一百岁，那彭祖活了八百岁，不知道人中该有多长了，那脸能好看得了吗？东方朔利用幽默遮掩了汉武帝的过失，解了他的困境，还让他在诙谐一笑中认识到了问题的荒谬，不得不令人佩服。

大多数上司都是聪明人，如果下属在指出其错误时，能像东方朔一样使用幽默，就能很有效地达成心愿。这种寓理于笑的诙谐风趣，能让上司听起来顺耳，较易接受。

某公司的月销售额较差。在月底总结会议上，主管不断指责下属：“就你们这种工作水平，怎么在市场上混？假如你们不能胜任这项工作，会有人来接替你们的！”

他还指着一名曾做过足球队员的新员工，问他：“如果一支足球队总是失败，队员们就必须都被换掉。是不是？”

那位前足球队员沉默了一会儿，回答说：“主管，通常情况下，假如整支球队都有麻烦，那大家会要求换个新教练。”

这位主管面对销售额差的事实，非但不主动从自身找原因，还对属下大声呵斥，这是很不公平的。这位员工巧妙地用自己的经历来做比喻，间接地指出了主管存在的不足，令其对自己的行为有所反省。假如他直接反驳主管，不仅可能起不到任何作用，甚至还有可能搞僵与上司之间的关系。

在职场中，我们不妨用幽默来表达自己的看法和建议。特别是在需要我们向上司提意见和建议时，更要这样。唯其如此，我们才会走得更远，得到更好更快的发展。

心情好了，工作效率怎会不高

幽默是一种生活智慧，幽默是一种人生艺术，幽默是人生的一种境界和心态。在实际工作中，我们常常因为压力而把脸绷紧，脸色严肃，甚至连笑容都很少看到。然而，这种状态真的对工作本身有益吗？大量事实表明，一个懂得幽默的人，他平时的心情往往要比那些板着脸的人轻松得多，因为幽默带来的欢乐可以把那些不顺心的事情都冲淡。因为幽默可以让他经常保持愉悦轻松的心情，自然，他承受的工作压力自然就会小很多。

最近，公司里来了一批90后见习员工。这些初涉职场的人，真是初生牛犊不怕虎，好像什么都懂，什么话都敢说，什么玩笑都敢开，给原本死气沉沉的办公室带来几分生气。经常一番哄笑之后，大家就以更饱满的热情投入到工作中去了。

那段时间正好是央视《百家讲坛》开讲《苏轼》。两个同事闲聊时，其中90后小何插话了："苏轼，我知道，他又叫苏东坡。"

一旁的小顾来劲了。他讥笑着说："又来了，你肚子里的东西倒蛮多嘛，那我考考你，三苏是说的哪三个人？"

这时，小何马上脱口而出："爸爸叫苏联，儿子叫苏东坡，女儿叫苏格兰。"

几位同事面面相觑，不等他们缓过神来，小顾笑骂道："低能啊，苏家都跑到英国去了。”

小何不甘示弱：“你连这都不知道啊！苏格兰就是大名鼎鼎的苏小妹。”

同事们再也忍不住了，哄堂大笑。尤其是看到小何一本正经的模样，真不敢相信他开玩笑竟然开到这种程度。

在忙碌的工作中，人们的身心是疲惫的。对于大多数上班族而言，很少有时间让自己身心轻松一下，假如与同事用幽默调侃一下，让欢笑驱散身心的劳累，放松一下内心，就会感到幽默可以让我们原本繁复的工作变得简单。在工作中，我们少不了适量的幽默。

早上，老周在看报纸。不一会儿，他放下手中的报纸，议论起来：“总说交通紧张，为什么不修几条运河，一条从四川到新疆，一条从云南通往江南……”

在旁边的同事说：“老周，听了您的高见，使我们更加具体、更加深刻地理解了一个成语。”

老周不解：“什么成语？”

同事回答说：“信口开河。”

坐在旁边看文件的科长听完，愣了一下，随之带头哈哈大笑起来。顿时，整个办公室洋溢着愉悦的气氛。

事实证明，积极的幽默可以使我们的工作环境变得轻松愉快。试想，我们在办公室的时间往往长达 8 个小时，而且人生的黄金时段基本都是在工作中度过的，假如每天都板着脸，郁郁寡欢，那工作还有什么乐趣呢？一旦对工作失去了愉悦的心情，那工作效率又怎么会提高呢？在日常工作中，我们所要求的不仅仅是完成工作任务，而且还需要较高的工作效率。所以，我们以什么样的态度去面对工作很重要，处于职场，我们要善于玩转幽默，以诙谐的语言将快乐带给每一位同事，让繁重的工作变得简单而轻松。

有一天，一位中国雇员被美国老板叫进办公室。不过，这位雇员在拿取文件时，不小心把美国老板的可乐打翻在办公室的地毯上。

中国雇员心想，老板肯定会十分生气，因为美国人最讨厌蟑螂进入办公室了，现在地上撒了可乐，蟑螂肯定会大规模地进来。

中国雇员开始手忙脚乱地收拾。这时，没想到美国老板却微笑着说："你不用担心蟑螂会进来，绝对不会发生这种事情，因为现在是在中国，中国的蟑螂比较爱吃中餐，对于可乐可能没那么大兴趣。"

说完，两个人都大笑了起来。

在工作中，同事间偶尔开个玩笑，幽默几句，甚至互相调侃几句，不仅不会影响工作，还会给人们带来笑声，而且也不会给工作带来什么影响。那是因为处于工作中的人都不愿意一整天待在沉闷的气氛中，偶尔幽默一下反而可以释放压力。幽默的人心情总是保持愉快的，他的工作效率总是比别人高，因为幽默让他卸下了包袱，轻松前进，自然他的工作压力就会小很多。

幽默最具感染力，搞定同事更能搞定客户

心理学家认为：幽默是一种最富感染力、最具有普遍传达意义的交际艺术。我们从来不会否认幽默在人际交往中的作用，因为幽默会

引人发笑，俗话说“笑一笑，十年少”，人们大都喜欢与那些富于幽默感的人交往，因为他们总能给人带来一种心灵上的愉悦和轻松。在日常工作中，当我们面对客户时，幽默的语言可以帮助我们拉拢客户，从而促使生意的顺利进行。这是因为，在工作中，生意本身会让客户对我们充满戒备与敌意，假如我们适当运用幽默的技巧，就可以消除客户的紧张情绪，从而促使整个洽谈过程轻松畅快，充满人情味。所以说，在生活中，那些富于幽默的人更容易获得客户的欢迎，赢得他们的信任，促使交易走向成功。

一位房产推销员正在对客户夸耀他的这栋住宅楼和这个居民区。他说：“这片居民区特别干净，物业非常负责，小区里阳光明媚、空气清新，到处‘都是鲜花和绿草，疾病与死亡好像跟这里的居民无关。”

就在此时，远处走来一队送葬的人，他们哭声震天地从客户面前经过。这位推销员立刻对客户说：“请看，这位可怜的人——他是这儿唯一的医生，没想到被活活饿死了。”

假如推销员对送葬队伍这件事没有一个合理的解释，恐怕客户很难将他先前的吹嘘当作一回事，还会对推销员的印象大打折扣，甚至对他介绍的房子产生怀疑。而推销员的随机小幽默恰好打破自己所面临的尴尬，并使双方的交易能够比较稳定地进行。

雷宇是一位推销钢化玻璃酒杯的推销员。一天，他在很多客户面前进行示范表演。为了说明酒杯的经久耐用，他把一只钢化酒杯丢到地上。出乎意料的是，这只酒杯居然“啪”的一声摔碎了。

客户们都睁大了眼睛，搞不清楚状况了，难道是产品不靠谱吗？雷宇的心里也“咯噔”了一下，但他马上恢复了平静，用沉着而诙谐的语气幽默地对顾客说："像这样的杯子，我是不可能卖给你们的。"

听了雷宇的话之后，大家都轻松地笑了，以为第一次砸碎杯子是为了跟下面的表演进行对比，先吊一下大家的胃口。场内气氛立刻活跃起来，雷宇乘机又扔了五六个杯子，都取得了成功。就这样，雷宇化险为夷，博得了顾客的信任，顺利售出了几百个酒杯。

雷宇之前没想到会出现这种失误，对于突如其来的状况只有随机应变。他巧妙地来了个顺水推舟，让突发的情况成为推销的一个环节，从而制造出强烈的幽默效果，实现了推销的目的。

在日常工作中，当我们与客户洽谈时，很容易出现难堪的场景，比如像案例中的这种情况，这时就可以用幽默的语言化险为夷，在紧急时刻恰到好处地运用幽默来帮助自己摆脱尴尬。富于幽默的人走到哪里就会把快乐带到哪里，假如我们是一名幽默的上班族，那在整个交易过程中，将会给客户带来许多欢乐，让客户备感愉悦。因此，在销售过程中，不妨适时地幽默一下，缓和与客户之间的紧张气氛，快速达到彼此合作的目的。

当我们在使用幽默的沟通方式时，沟通的双方往往会处于一种轻松愉快的情景中，并且降低或放下戒备，以一种乐观舒适的心态，更加乐意倾听和理解。因此，当我们在与客户打交道时，幽默是建立信任、增进关系的最佳策略，假如我们可以让客户笑，那我们就能促成他们购买我们的产品。

销售员杰克不仅口才很好，而且反应很快，善于随机应变。有一次，杰克正在销售他那些"折不断"的绘图 T 字尺，他喋喋不休地说："看，这些绘图 T 字尺多么坚韧，任凭你怎么用都不会折断。"

为了证明他自己所说的话，杰克捏着一把绘图T字尺的两端使它弯曲起来。突然听到“啪”的一声，原来完好的T字尺顿时成了两截塑料断片。聪明的杰克将它们高高地举起来，对围观的人们说：“请仔细看看吧，女士们，先生们，这就是绘图T字尺内部的样子，咱们拆开看看，瞧它的质地多好啊！”

假如我们第一次与客户见面，见面后便毫无顾忌地开玩笑，就显得比较唐突了。不过，假如我们在面谈不顺利，没办法很好沟通的情况下，适当地幽默一下却是极为有效的空气清新剂，这可以缓和当时的难堪气氛，使面谈得以顺利进行下去。

当然，在面对客户时，我们可以适当说一些笑话，这样可以快速降低客户对我们的敌意，促使销售成功。不过，千万不要过分，假如掌握不好分寸，那就会给客户留下轻浮、不可靠的印象。我们在紧急情况下需要调侃幽默时，不要拿客户的一些私人问题说笑，以免引得客户不快，使客户觉得我们不够尊重他。而且，幽默也是要分客户的，当我们打算轻松幽默一番时，最好分析一下客户是否喜欢幽默，假如我们遇到的是一本正经的客户，那就直截了当，而不是故作幽默。

Part 8
领导幽默风趣，下属才会倾心信服

没有幽默感就没魅力。领导说话幽默风趣，体现出积极乐观心态，亲和力，会使上下级关系越来越融洽，自身的影响力越来越大。因为，幽默能使人受欢迎，让人乐意与你接触、愿意与你共事，还是你工作的润滑剂，促进你更好、更快地完成工作。

一些玩笑，让员工与你更加亲近

在美国曾做了这样一项调查：针对 1160 名管理者的调查结果表明，77% 的领导者在员工会议上用讲笑话的方式来打破僵局，52% 的领导者认为幽默有助于自己开展业务，50% 的领导者认为企业应该考虑聘请一名“幽默顾问”来帮助员工放松。

对领导者而言，幽默已经成为一种新的、有效的主流管理时尚。对一个刚刚晋升的领导者，假如说在最短时间内与下属缩短心理距离，那绝佳的办法就是幽默。

心理学家认为，感情是人对客观事物好恶倾向的内在反映。因为感情，人与人之间建立了良好的感情关系，便能产生亲切感。通常情况下，如果人与人之间有了亲切感，那彼此之间的吸引力就会增大，影响力也会逐步放大。幽默恰恰是富含亲和力的，因为它可以引人发笑，当人们在欢笑之余，彼此之间的距离自然就拉近了。

有见识的领导都明白，幽默不仅仅是儿童的把戏，只要自己能让员工们开心起来，跟他们打成一片，公司的生产效率就会大幅度提高，而这是公司发展的原动力。

公司有一个职员经常迟到。主管把那个职员找来，面带笑容地说：“你经常迟到，应该都是闹钟的问题。所以，我打算给你定制一个人性化的闹钟。”

“人性化的闹钟？”职员听了有些费解，不知道一个闹钟怎样会有“人性化”。

“好吧，我给你具体解释一下。”主管对职员眨了一下眼睛，轻松地说，“它先闹铃，你要是不醒，它就鸣笛；再不醒，它就敲锣；再不醒，就发出爆炸声；还是无效，它就对你喷水。假如这些都叫不醒你，那它就会自动打电话给我帮你请假。”

遇到经常迟到的员工，绝大多数管理者都会给予严厉批评，而且一次比一次严厉，甚至下达最后通缉令：“再迟到明天就不要来了。”

在管理过程中，批评与责备不可或缺，但在某些场合，指责和批评很难取得好的管理效果。这位管理者通过幽默的方式侧面给予批评，通过满面的笑容来进行管理，这不仅淡化了批评与责备的意味，保全了对方的自尊，并且达到了管理目的。不难看出，这种管理往往更容易打动员工，让他自觉、自省，并积极改正。

著名导演希区柯克在执导一部影片时，有位女明星多次向他提出摄影角度问题。她左一次右一次地提出一定要从她最好的侧面来拍摄。

“抱歉，我做不到！”希区柯克摊开双手抱歉地说，“我们拍不到你最好的一侧，因为你把它放在椅子上了。”

这句幽默的话引得在场的人都笑弯了腰，女明星也收敛了一些。

有位哲人说：“当别人取笑你时，就笑你自己吧！”这样才能表现出一个领导者所应具备的幽默口才。当然，“笑你自己”并不是指以自己为中心，而是以关心他人的方式来跟大家一起玩笑。

身为领导者，你一定要明白，无论你如何去做，都不要期望每一次都能得到大家的笑声，因为这并不是一件很容易的事情。当你把幽默的口才运用到下属身上之前，你最好先用心稍微修饰一下。

领导平时说话幽默风趣，时刻体现积极乐观心态和亲和力，会使得上下级越来越融洽，自身的影响力越来越大。相反，如果领导平时说话太严肃，缺乏幽默感，就会使上下级关系紧张，造成彼此之间的心理有距离，而这种心理距离一旦超过某种限度，上下级关系就会变得恶劣。

玛丽·凯是一家知名的化妆品公司。为了扩大自己公司产品的影响，玛丽·凯坚持用自己公司生产的化妆品。同时，她建议公司的员工不要使用其他公司的化妆品。因为，她不能理解“凯迪拉克汽车公司的推销员开着福特汽车到处推销，人寿保险公司的经理自己不参加保险”。不过，在与员工交流时，她较好地使用了“亲和力”。

有一次，玛丽·凯发现一位经理正在使用另外一家公司生产的粉盒以及唇膏。

她借机走到那位经理桌旁，微笑着说：“老天爷，你在干吗？你不会是在公司使用别的公司的产品吧？”

玛丽的口气十分轻松，脸上却洋溢着微笑。那位经理的脸红了，急忙放下手中的化妆品，显得很不好意思。

过了几天，玛丽·凯送给那位经理一套公司的口红和眼影膏，说：“如果你在使用过程中觉得有什么不适，欢迎你及时地告诉我，先谢谢你了。”

没过多久，公司所有新老员工都有了一整套本公司生产的适合自己的化妆品和护肤品。

对此，玛丽·凯亲自向员工们做了详细的使用示范。她还告诉员工：“以后，你们在购买本公司化妆品时是可以打折的哦！”

玛丽·凯极富幽默的语言表达拉近了她与员工的心理距离。在这一过程中，她向员工成功地传递了自己的经营理念。

在工作中，我们经常会听到这样的议论：“我们单位的领导，官虽然只有芝麻那么大，架子倒是摆得不小。其实，他越是这样子，我们就越懒得理他。”“你们单位的领导说起话来怎么老是那样子，拿腔拿调，真让人受不了。”这说明，说话爱摆架子的领导，下属容易心生反感，且不愿意与之亲近。在这种情况下，领导适时幽默两句，体现一下自己的亲和力，与下属之间的心理距离也就拉近了。

幽默的领导最容易俘获下属的心

现代社会，幽默是每个人——包括领导者、管理者必备的主要魅力之一，没有幽默感就等于没魅力。人们往往更愿意追随那些有魅力的领导者，因此，幽默不仅能使你成为一个受欢迎的人，使别人乐意与你接触、愿意与你共事，还是你工作的润滑剂，促进你更好、更快地完成工作。这往往是采用别的方法所不能达到的，也是成本最低的一种方法。

任何一个领导者，在工作中，的确应该抱着严肃的态度做事，但却不能不苟言笑，整天紧绷着脸。我们也许不会嘲笑公事上的错误，但是在纠正错误时，也不能让它阻碍公事的正常运转，领导者也应该能够设定这种工作步调。如果我们实施工作方案是为了成功，就应该维持乐观的气氛，这时领导者应该自己先表现出乐观来，继而带动你的团队。

一天，某公司的赵经理为了活跃团队文化生活，组织员工举行一个联欢会。赵经理决定大放血，请自己的下属唱歌。

刚开始，大家都找借口推脱“唱得不好”，出现冷场。赵经理拉下脸来，故作严肃地说：“今天唱歌有一个要求，那就是谁都不许唱得好听，必须怎么难听怎么唱，越难听越好！”

随后，赵经理指名新职员汪其首唱。这个新来的小伙子面对领导的硬性任务，哪敢不从，不得不唱。

汪其唱完后，赵经理带头鼓掌喝彩：“好！唱得非常好，完全符合我的要求！”

赵经理几句幽默的话，让联欢会进行得很愉快，也让下属从心里喜欢上了他。

赵经理是个幽默的人。为了团结下属，激发下属工作的热情，他请下属唱歌，却出现了冷场，这着实有些尴尬。他趁机幽默了一把，对下属开起了玩笑，一下子就让场面活跃起来。可见，恰如时机的幽默可彰显出一个经理的睿智，懂得开玩笑的经理更容易赢得下属信赖。

幽默就像一把钥匙，巧妙地运用它，不仅能打开彼此心中的结，同时还能增强彼此间的感情。作为企业高管的领导者，你应该懂得幽默，懂得开玩笑，更要懂得拿自己“开涮”，才能拉近与下属之间的距离。因为一个平易近人、幽默风趣的领导者，很容易获得下属的好感。你把别人逗开心了，别人自然就变得“好说话”了，不再将你视为敌人、对手，甚至还可能把你当成值得交心的朋友。

一名优秀的上司不能仅仅在员工面前表现出自己严肃、认真的一面，还要展现出自己幽默风趣的一面，以此来树立和蔼可亲的形象，给员工带来欢乐，让公司的气氛融洽，从而带动员工的工作热情，增强公司凝聚力。

公司销售部经理空缺，部门里的精英们个个摩拳擦掌，特别是几位主管，为了这一职位争得头破血流。最后，公司决定由其他部门的聂刚来担任销售部经理。

聂刚知道自己上任必定会引起元老级人物的不满。于是，他在致辞会上挖空心思地施展了自己的幽默：“销售部能人太多，据说升哪一位当经理都是一种不公平，所以公司只得找我这么一个有傻福的人来当。我这个傻人好比个蜡烛的芯，看起来最亮，又位于蜡烛的最高点、最中心，可我自己根本不能燃烧，必须依靠四周的蜡油才能燃烧起来。所以，我拜托各位啦，我全靠你们啦，请大家帮帮忙，不要把我烧焦啊！”

这一番幽默的致辞逗得部门里的人前仰后合，早把要给聂刚颜色看的事忘到耳朵后边去了。

通过幽默赢得人心，就是借助幽默言谈使对方感觉被关注，使对方拥有一种愉悦的心情，从而提升对你的信任度。在人际交往中，最大的侮辱莫过于遭人轻视，你关注对方、尊重对方、体谅对方，自然而然就能赢得对方好感。

值得注意的是，用幽默赢得人心还要注意场合和内容。只有善意的幽默，才能增加别人对你的信任度，使你成为得人心的领导。相反，缺乏善意的幽默，只会让下属感到反感，甚至“被欺负”。

幽默让管理成为一门轻松的艺术

在任何工作场所，你都能看见这样的场景：团队成员往往把商业看成维系他们存在的纽带，一旦生意走了下坡路，许多公司都会马上缩小规模，减少员工，甚至更改经营策略。这样日复一日，人心惶惶，工作就会特别被动，难保不出什么问题。在这样的情况下，他们很有可能会选择消极、怀疑或者干脆拒绝安排。此时，让他们每个人都保持乐观和信心异常重要。如何让员工保持高度热情的精神状态，而且帮助他们恢复信心，便成为当务之急了。

那如何让个人与集体在任何一种形势下都保持一种高度的工作热情，并继续沿着企业的既定目标前进呢？当员工灰心丧气时，领导者不妨让他们暂停手里的工作，讲些幽默的故事或者诙谐的笑话，逗大家开心一下，借着欢乐融融的气氛，激发大家的团队精神，这比说服或施加压力更为有效。

笑声为什么有激发人的功效呢？众所周知，笑声能让人感觉良好，但是在特别压抑的工作环境下，压力却是内在的，笑声可以缓解压力、舒缓心情、激发智慧，使人信心百倍。

在企业里，多数员工都不会感受到幽默的作用，但有一家公司，老板有一天身上穿着一件小丑服装，打扮得像一只公鸡，突然闯进办公室，逗得大家哈哈大笑。事实上，他的目的就是要让大家发笑而已。此时，员工会感到老板用心良苦。

另外，笑声让人保持活力，即使在面对死亡时，也能够大义凛然。在市场竞争中，如果对手要置你于死地，你却大义凛然地面对一切，这样一来，对方就很难使你一败涂地。既然幽默能成为死亡之前的选择，为什么就不能成为你在面对险境时的选择呢？无论是企业大祸临头，还是个人灾难降临，只要选择笑声就能让人从容不迫。而实际上，形势越是糟糕，笑声就越重要。

有一位经理对天天见面开电梯的小姐说："请尽快把我送到19楼去。"

小姐为难地说："对不起，经理，这座大楼只有18层啊！"

"没关系，"经理充耳不闻地说，"你尽力而为吧！"

小姐先是一愣，随后不禁笑了起来。

不难看出，这位很有幽默感的经理是故意这样说的。他的目的是想让这位工作单调的开电梯小姐能轻松一下。若有这样的上级，谁会不喜欢接触或不尽力工作呢？其实，只要一点小幽默，就能够融洽上下级关系。当然，我们有理由认为，这个经理在处理更为重大的事情时，应该是更有能力、更成功的。

朗朗的笑声是组织机构的健康之音，与员工亲密接触的最好方式就是幽默。幽默的效用已经被心理学家们确认为企业员工遇到不测而导致心理忧郁症的最好疗法之一。

每个人都喜欢与机智风趣、谈吐幽默的人交往，谁都不愿和那些动辄与人争吵或者郁郁寡欢、言语乏味的人有交流。幽默，就像是一块磁铁，吸引着大家，它也是一种润滑剂，能让烦恼变为欢畅，让痛苦变成愉快，将尴尬转为融洽。

据美国针对1160名管理者的调查结果显示：77%的人会在员工会议上用讲笑话的方式来打破僵局；52%的人认为幽默有助于其开展公司业务；50%的人认为企业应该慎重考虑聘请一名“幽默顾问”来帮助员工们放松自己；39%的人倡导在员工中“开怀大笑”。有一些著名的跨国公司，上至总裁，下到一般的部门经理，已经开始着手将幽默融入日常的管理活动之中，并将它作为一种崭新的培训手段加以运用。

在公司里，许多男员工有时总喜欢拿自己的太太开玩笑——无非在同事面前说说她们逛商场买东西的一些趣事，都是与花钱有关的。

这一天，某公司员工们说到太太们购物奢侈时，有位员工说：“就算皮包里层是用捕蝇纸做的，我太太的钱也不可能会留在皮包里过夜。”

另一位同事则说：“我太太告诉我，她承认她非常喜欢花钱，但是不要用‘奢侈’这个字眼来形容她，另找个新词会更好。”

这时，部门经理恰好出来，闻听此话，哈哈一笑，说：“你们家里的老婆还算好的。你们知道我那个太太奢侈到什么程度？她在晚上做梦时都在喊‘不能让你同事的妻子超过我呀，我一定要拿到奢侈的桂冠才行’！”

其实，像这样的幽默都是很有意思的，一帮男人在讨论女人花钱的问题时总会找到共同语言。事实上，他们并不是真的非常讨厌自己的太太花钱，而只是用这种方式来炫耀自己的太太。每个人只有对自己所爱、所关心的人运用幽默的语言时，才能将似乎敌意的幽默如此有效地加以运用，从而产生好的效果。能和下属共同讨论这类话题，也不失为一个加强情感沟通的好机会。

另外，幽默还能使人感到亲切，懂得幽默的管理者，能够让下属体会到工作的愉悦与轻松。

作为管理者，你进行管理的目的是为了使自己的下属能够准确、高效地完成工作任务，而轻松的工作气氛则有利于达到这种效果。幽默往往可以使工作气氛变得轻松起来。

如果员工生病了，那正是管理者关心下属的大好时机。如果你在这个时候用言语讽刺，就与正确的管理经验背道而驰了。

很多管理者平常日理万机，每一天的工作时间往往都在 8 小时以上，人生的黄金岁月大都是在职场中度过的。如果管理者的领导风格不能令员工心悦诚服，那他的管理工作一定不能称心如意，生活亦会闷闷不乐，而工作目标的完成势必遥遥无期或者大打折扣。如此一来，他的管理生涯岂不显得黯然失色、了无生趣呢？

其实，管理与娱乐只是一念之差，你可以乐在管理，并且设法用欢乐的气氛感染每一位同事，让管理成为一门轻松的艺术，甚至是一种至高无上的享受。

用幽默，给负能量的员工打一针强心剂

每个管理者都希望自己能与下属顺利地进行沟通，将自己的要求传达给下属时，下属能愉快地接受并顺利完成任务。然而，实现这一目的并不容易。在向下属传达命令时，管理者就要掌握一定的谈话技巧，避免双方陷入沉闷僵硬的沟通氛围之中。如何才能让自己和下属都轻松愉悦地接受呢？如果能够适当地运用幽默来调节现场紧张的气氛，就会让你和下属的沟通变得融洽。

由于最近一段时间内接的货单很多，科特药业公司的工人们经常会被命令加班加点地完成工作进度，导致许多工人都产生了不满情绪，干起活来也不像之前那么认真了。但是，药品不比别的产品，弄不好公司信誉受损不说，还会出人命，公司最不愿看到这些。

公司的销售经理一大早就遇到了一件十分郁闷的事。由于不满近期产品的质量，公司最大的客户想要马上中止与科特药业公司的合作关系，另外寻找新的合作伙伴。

销售经理向总经理汇报这一情况后，总经理吩咐他务必稳住客户，而有关质量方面的问题，他会亲自负责去监督，并努力把质量提高。

时间已到傍晚，总经理赶到生产车间门口时，外面正巧下起了大雨。他看到车间的工人们在冒雨卸货，也打开车门冲了上去，和工人

们一起冒雨工作。

等到货物卸完以后，看到大家浑身都被雨水淋湿了，总经理抹了抹自己脸上的雨水，笑着对工人说：“今天晚上加班吃晚饭时，我们一定要加道菜。”

没等现场的工人们反应过来，总经理就接着说：“加道清蒸‘落汤鸡’，味道肯定不错。”

工人们都会心地笑了起来，饥饿和劳累顿时一扫而光。

趁着大家心情不错，总经理在鼓励大家的同时，紧跟着又强调了产品质量的重要性，并承诺马上增加工人们加班费。

听完总经理的话，工人们的抵触情绪消失了，产品的质量又提上去了。原本马上就要失去的大客户看到产品质量得以恢复，也愿意留下来继续合作关系。

在总经理努力下，科特药业公司安全渡过了难关。

通常，人们都喜欢和那些机智风趣、谈吐幽默的人交往。同样的道理，员工也喜欢跟着幽默风趣的领导工作。同样的要求，如果用强制的方式让下属执行，他们肯定会一百个不乐意；如果换一种方式，在幽默中传达出自己的意思，下属就会在愉快的气氛中接受上司的命令。

幽默的魅力就在于它能够让烦恼的人欢畅起来，让人们原本痛苦的心情愉悦起来，也会让尴尬的气氛暂时融洽起来。适度幽默不仅非常有利于调动下属的积极情绪，还能够缓解下属在工作中的疲劳状态。

总经理通过一句幽默的话，拉近了自己和工人之间的关系，消除了他们内心存在的消极情绪，否则只凭生硬的指派与命令是很难让工人接受并执行任务的，更别提让工人们积极地为企业服务了。

一般来说，幽默能够将人们的注意力从痛苦中暂时转移，至少人在笑时是不会注意到痛苦本身的。从这个角度来说，我们也可以说幽默本身就是一针麻醉剂，它的作用就是麻痹人的痛苦神经，让人们能够暂时忘却眼前的痛苦。

另一方面，幽默造成的精神上的兴奋以及心态上的乐观，能够减轻人体肌肉的紧张度，增加体力与毅力，让痛苦相应减轻，这对于人的生理以及心理上痛苦的缓解都大有裨益。

有经验的管理者往往懂得在恰当时运用恰如其分的幽默，将一些本来很困难的局面扭转过来。他们往往要比古板严肃的管理者更容易和员工们打成一片，能够和客户建立更为默契的合作关系。他们总会带给员工快乐祥和的气氛，做起事来要比那些不懂运用幽默的人容易很多，甚至在玩笑间能够轻易解决大家看起来比较难办的事。

批评若幽默风趣，下属听着也不闹心

在工作中，上司批评下属时不能想说什么就说什么。聪明的管理者都知道，只有那些适时、适度地带幽默元素的批评，才会让下属更容易接受，才能够让下属认识到问题所在，并激励其工作积极性。

如今，工作和生活节奏快，在忙碌的工作中，下属偶然犯一些错误很难避免。上司对其进行批评指正也是非常必要的事。不过，不同的上司对员工进行批评的方式是不尽相同的，所以产生的效果也不一样——让接受批评的人能够发自内心地接受批评指正才能实现管理目的，否则情况会更糟糕。

在下属工作中犯错时，上司对其大声斥责也并非完全不对，但达不到批评目的，反而会导致情况更糟。而此时，上司如果能够用幽默轻松的方式让其认识到工作中需要改进的地方，就不仅能达到让下属改进工作的批评目的，还能让上下级关系更加和谐融洽，展现自己的领导魅力。

一次，一位将军在视察某个部队时，召集了校尉级军官10余人进行座谈。

在会上，将军问他们说："一个普通战士的津贴大概是多少？"

在座的军官竟然没有一个人知道确切数字。

将军看着那些军官，非常生气。不过，将军并没有直接对他们进行批评，而是给他们讲了一个故事。

他说："在民国时期，有个名叫张宗昌的军阀，人们称之为'三不知将军'，一不知道自己有多少兵，二不知道自己有多少枪，三不知道自己究竟有多少个小妾……"

军官们听到这话，禁不住笑起来了。当然，他们也明白将军在借那个故事批评自己。

将军虽然没有直接批评，然而在座的军官听到他讲的故事之后，都羞愧地低下了自己的头。他通过幽默类比，对其下属进行了入木三分的批评，可谓绝妙之极。更妙的还在于，他在批评的同时还给那些军官保存了颜面，让他们更容易接受。

不难看出，上司在批评下属时，能在批评的话语中夹带一些幽默，尽力冲淡一些责备的意味，就既保全对方的自尊，又能达到让对方进行自我反省以力求改进的目的。

一次，一家公司的某个员工以参加其祖母丧礼为由请了一天假。这件事被上司识破了。

等这位员工回到公司后，上司就问他：“你相信人会死而复生吗?”

尚未反应过来的员工不假思索地回答说：“当然相信了。”

“哦，要是这样的话就对了，”上司微笑着说，“昨天，你请假去参加你祖母的丧礼了。今天，她来公司看望你了。可见，你说得非常正确。”

这位上司就将对下属的批评非常好地融入开玩笑式的幽默当中，既能达到批评下属的目的，又能够让下属知晓上司用幽默来处理这件事的深意。这样的上司无疑会同下属相处得十分融洽，从而使上下级关系也更为紧密。

另外，上司在批评下属时，能将下属的一些优点用幽默的方式结合起来，也会收到非常不错的效果，也容易拉近上下级之间的关系，促进下属改进自己的工作。

柯立芝是美国第30任总统。他有一位非常漂亮的女秘书。但是，女秘书经常会因粗心而在公文处理上出现差错。柯立芝不得不对其进行批评。

有一天早上，柯立芝看到女秘书穿着一身新衣服走入办公室时，对她说：“这套衣服非常适合你，完全就是为你这种年轻漂亮的小姐量身打造的。”

这些话让女秘书心花怒放，欣喜万分。

这时，柯立芝又接着说："我相信，你也一定能将公文处理得和你同样漂亮。"

从那天开始，女秘书在公文处理上就极少出现差错。

柯立芝随机运用了一个半是赞扬半是批评的小幽默，就让自己的秘书纠正了自己的缺点。如果说柯立芝直接指出秘书处理公文的不妥之处，势必会让其和下属之间的关系比较尴尬。由此可见，上司对下属的幽默批评不仅仅是一种手段，更是一门能够让上下级关系相处得更为融洽的艺术。

每个人都有自尊心，即使犯了错误的人也是如此。如果下属真的在某些方面犯了错误，领导在批评时，也要考虑到对方的自尊心，切勿随便伤害。批评他人时，我们一定要风趣含蓄，如春风化雨，而不是大发雷霆，横眉怒目，以为这样才能显示威风——这种批评方式最容易伤害对方的自尊心，甚至导致矛盾激化。因此，你在批评对方时，要戒言辞尖刻、恶语伤人。当你正怒火中烧时，最好别批评下属，等心情平静下来再去批评，切忌讽刺、挖苦，恶语伤人。

做一个幽默的领导，管理员工轻松愉快

假如一个管理者能让每个员工都从内心赞赏你的品格，那么你就能轻轻松松地指挥任何人。要想达到这种境界，管理者就要学会塑造自我品格，懂得运用人性化的管理方式。

那么，管理者究竟应该如何塑造良好的自我品格呢？在这方面，西蒙·玻利瓦尔为我们做了很好的示范。

南美独立战争期间的一个冬天，在一座兵营的工地上，有位班长正指挥手下的几个士兵安装一根大梁："快加油啊，亲爱的孩子们！大梁已经在移动了，再加把劲，加加油！"

一个衣着非常朴素的军官正好路过这里，见状，问班长为何自己不动手。

"哦，这位先生，因为我是班长。"班长非常骄傲地回答说。

"噢，原来你是班长。"军官说了一句，随即下马与士兵们一起干活。

等到大梁装好之后，这位军官对班长说："尊敬的班长先生，如果说你还有什么同样的任务，并且还需要有更多的人手来帮忙的话，你就尽管吩咐你们的总司令好了，他还会再来帮助你的士兵的。"

班长一下子愣住了。原来，这位军官正是南美大陆的"解放者"、号称独立战争著名统帅西蒙·玻利瓦尔。

管理并非只是单纯的指挥，它还需要管理者适时地加入其中，或者能够亲临现场。对某些管理者而言，管理本身就是一项非常有趣的活动，他们会从中得到极大乐趣，并会乐此不疲地干下去。

一个嗜酒的员工已经连续两天没来上班。经理在这个员工的办公桌上留下了"7954"四个数字。

员工来上班时，看到桌上的字条，不明所以，就去请教公司的秘书。

秘书说："经理是在用数字谐音告诉你，说你吃酒误事了。"

这位员工在数字后面画了一只"蝉"回复经理。

经理看到后，笑了笑说："孺子可教也。"

过了段日子，员工又故态复萌。经理就在"蝉"的尾部加上了一道"白烟"后放到他的桌子上。

未解其意的员工又一次去请教秘书。

秘书告诉他："前次经理说你因吃酒而误事，你回答说'知了'，现在仍旧醉酒如故，经理骂你知了个屁呀！"

该员工心生愧疚，从此不再因为喝酒耽误工作了。

这位经理在批评下属时懂得采用另类的方式，这本身就潜藏着极大的智慧和艺术。幽默的人往往会在满足中获得前进的动力，绝不会在抱怨中失去自己的进取心。有幽默品质的人非常善于拨动笑的神经，会笑天下可笑之人，能容世间难容之事，这样的人，才是真正懂得幽默的人。

幽默往往还能够体现一个人的气量大小。越是为人豁达、自信的人，越是具有幽默感；越是性格自卑、自闭的人，越难以容忍身边幽默的存在。无趣的人并不见得就没有幽默的智慧，而是缺乏幽默的胸襟；不是由于强烈的自尊，而是由于色厉内荏的自卑。

幽默感是健全人格的非常重要的因素，也是人们生活中不可或缺的调味品、润滑剂，也是管理中不可或缺的工具。有了它就能够消除误会，缓和紧张的气氛，让人放松戒备，甚至化敌为友。心理学家凯瑟琳曾经说过："如果你能让一个人对你心存好感，那么也就有可能让你周围的每一个人甚至是全世界所有的人都对你心存好感。只要你懂得用你的友善、机智以及幽默去传播你的信息，那么时空距离就会消失不见。"

Part 9

在谈判中，幽默的人会让对手折服

幽默是谈判中的高级艺术。高明的谈判者会有效地使用幽默去促成谈判成功。他们善于观察和思考，不放过任何一个可以表现幽默的机会。结果，即使谈判出现重大分歧，他们也会因为幽默而赢得对方的理解和折服，从而促使谈判走向成功。

想让氛围轻松起来，幽默就必不可少

美国幽默大师罗伯特·奥本说：“每天早上起床后，我都看一遍福布斯美国富翁排行榜。如果上面没有我的名字，我就去上班。”这是一句多么幽默的话语，不仅给人带来了快乐，也温暖了自己的心灵。

幽默，是快乐的精灵，在很多时候，我们需要运用幽默的语言来营造良好的谈话气氛。在日常工作中，许多人都表现得太严肃，他们总认为凡事都应该认真，开不得半点玩笑，否则会坏了大事。事实并不是这样，幽默恰恰为枯燥的工作带来了快乐，缓解了压力，在轻松的氛围中，再谈谈工作的事情，或许，彼此都会感到轻松不少。尤其在谈判场合，更需要我们恰当地运用幽默语言来创造良好的谈话氛围，化解谈判过程中的尴尬，最终促成谈判的成功。

美国谈判大师荷伯·科恩曾说：“世界是一张巨大的谈判桌，谈判存在于生活的方方面面，很多时候，我们自觉或不自觉地就成了某个谈判的参与者。”在日常工作中，谈判成为我们工作中一项必不可少的。

大多数认为，谈判应该是庄重的、严肃的，其实，若是在谈判中插入幽默的语言，不但可以缓和紧张形势，营造出友好的谈话气氛，还可以缩短彼此之间的距离，钝化对立感，使整个谈判变得更融洽。在国际谈判中，幽默语言可以使整个谈话更加顺利，彼此化干戈为玉帛，从而避免了战祸；在商业谈判中，幽默的语言巧于辞令，可以为你赢得新的合作伙伴。

1943 年，丘吉尔与戴高乐因叙利亚问题产生了意见分歧。两人心中都有芥蒂。

在这之前，丘吉尔颇为看重的布瓦松总督被戴高乐逮捕了。对此，双方都感觉这个问题变得棘手——要想解决这个问题，只能是面对面谈判。

当时，丘吉尔的法语讲得不是很好，而戴高乐的英语却讲得很流利。

两人见面了，气氛变得紧张起来。丘吉尔先用法语打招呼："女人们先去逛市场，戴高乐、其他的先生跟我去花园聊天。"随后，他高声说了几句英语："我用法语对付得不错吧！是不是？既然戴高乐将军英语说得那么好，一定能够完全理解我的法语。"

话音刚落，戴高乐以及其他人都笑了起来。

丘吉尔的这番幽默消除了之前紧张的气氛，建立了良好的谈判氛围，使整个谈判得以在和谐与信任中进行。

丘吉尔与罗斯福的谈判也是使用幽默的典型例子。

在第二次世界大战期间，英国武器短缺，丘吉尔来到华盛顿会晤美国总统罗斯福，请求军需物质方面的接济。双方约定第二天进行会谈。

凌晨时，丘吉尔躺在浴盆里，嘴里抽着雪茄，思考着问题。没想到，罗斯福突然走了进来。两人相视愣住了。

丘吉尔笑了，说："总统先生，大英帝国首相在你面前可真是没有半点隐瞒啊！"

说罢，两人都不约而同笑了起来。此次谈判成功地推动了英美合作。

如此看来，幽默语言是谈判过程中的润滑剂，也是化解谈判僵局和消除紧张气氛的良药。谈判双方是一对矛盾统一体。为顺利达成协议，双方不可能摒弃竞争，更不可能拒绝合作。为了让合作更顺利一些，有一个良好的合作气氛是非常必要的——这是从谈判之初就应该考虑并注意的。

前不久，中方代表就一合资项目与某国财团进行谈判。

谈判刚刚开始，对方就说："我方设备技术先进，拥有自己的专利权，希望你们能开一个令我们满意的价格。"如此漫天要价使整个谈判陷入了僵局。

这时，中方一代表站起来，说："中国是一个有着几千年悠久历史的文明古国，我们的祖先在一千多年前就将四大发明——指南针、造纸术、印刷术、火药的生产技术无条件地贡献给了人类，而我们的子孙从未埋怨过他们不要专利权，反而称赞他们为推动人类科学技术做出了贡献。今天，中国在与世界各国的经济合作中，并不需要你们无条件地出让专利权。只要价格合理，我们是一分钱也不会少给您的。"

不卑不亢的语言融入了幽默的力量，最终，对方愿意降低专利费，促成了整个谈判的成功。

如果双方就专利费各持己见，互不相让，那么，谈判肯定会陷入僵局。中方代表一席幽默语言，使整个谈判脱离了僵持的困境，化解了紧张的气氛，促成了和谐的谈判。

随着市场经济的发展，我们谈判的机会一直不断地增加。于是，在谈判中，越来越多的谈判者喜欢追求幽默的语言，与此同时，幽默的语言也成为每一个谈判者获得成功的重要途径。

幽默的语言，对于营造良好的谈话氛围，促成谈判成功有重要作用。许多人在谈判中都会有胆怯、不安的心理，这在所难免。使用幽默的语言，可以消除对方这种心态，使彼此在轻松自然的氛围中谈判，也可以化解双方的尴尬，改变由于某些原因导致双方进退两难的窘迫局面。

幽默的谈判，任何“战争”都会和平解决

在谈判过程中，双方很可能在某一个点上发生争执，导致谈判的气氛变得紧张，甚至让人有一种窒息感。此时，我们应该怎么办呢？是让这种紧张的气氛持续下去，还是试着缓解呢？毫无疑问，我们应该选择后者。否则僵持下去，气氛可能更紧张，而谈判也可能就此终止。

为了适当地缓解这种让人窒息的气氛，我们可以适当地幽默一下，让彼此都放松下来，为接下来进一步谈判创造可能。因为，幽默

不仅能将快乐分享，还能避免不必要的尴尬。尤其是我们在拒绝别人时，如果采用直接的方式拒绝，有可能别人会接受不了；但如果采用幽默的方式拒绝，那效果就不一样了。

当然，幽默也要分场合，要有度，更要有合适的对象，因为幽默并不是简单地说几句笑话，而是一门艺术。

在这一点上，我们不妨效仿外交官。在外交事宜上，外交官往往代表着一个国家的形象。在外交谈判过程中，为了保护自己国家的利益，很可能会和对方产生冲突，让谈判陷入紧张状态。为了两国的友好关系，为了谈判的顺利进行，灵活运用幽默的技巧就成为外交官们的法宝。

1946 年 5 月，远东国际军事法庭在审判日本战犯时，十个参与国的法官们曾因如何排列法庭的座次问题展开了一场非常激烈的谈判。

中心的位置是属于澳大利亚德高望重的法官韦伯的——他是盟军最高统帅麦克阿瑟指定的庭长。中国法官本应坐在韦伯左边的第二把交椅上，但因为那个时候中国比较贫穷落后，遭到歧视——各个强权国家竟然把中国的座次排到最后。

面对这种情况，中国唯一一位出席远东国际军事法庭的法官梅汝璈与列强们展开了一场灵活机智的谈判。

梅汝璈从正面来说，座次应该按照日本投降时各个受降国签字的顺序进行排列，这才是唯一正确的立场原则。他说："如果只是论个人的座位，我本人并不会在意这些。不过，今天是要审判日本战犯的，中国是受日本侵略最严重，抗战的时间又是最长，也是做出牺牲最大的国家。所以，八年浴血奋战的中国是有理由排在第二位的。再者，如果没有日本的无条件投降，也就不会有今天的审判，按照各个受降国的签字顺序来排座次，是顺理成章的事情。”

这番义正词严的话使得谈判的气氛变得紧张起来。

为了缓和这种气氛，梅汝璈接着说：“当然了，要是各位不能接受这个办法，那我们不妨找一个体重测量器，按体重大小来排列座位，体重重者坐在中间，体重较轻的则坐到旁边。”

各个国家的法官听到这话后都忍不住笑了。梅汝璈继续说：“如果不按受降国签名顺序排座，那还是以体重排座次比较好。这样即使把我排到最后，我也会心安理得，而且还可以对我的国家有个交代。我的国家若是觉得我坐到旁边不合适，就会派一个比我胖的人过来替换我了。”

这番话让法官们哈哈大笑。

尽管梅汝璈法官的论辩深入人心，但是这场谈判仍没有一个明确的结果。

就在开庭前一天预演时，庭长韦伯突然宣布，法庭的排座次序为美、英、中、苏、法、加……

梅汝璈立即提出抗议，当场脱掉黑色丝质法袍，拒绝参加预演彩排。他说：“今天的预演已经有很多记者和电影摄影师在现场，明天一旦见报就成既定事实。既然各位对我的建议并没有太多的异议，那么我请求马上对我的建议进行表决。否则，我就只能不参加这次预演，立刻回国向政府提出辞呈。”

最终的表决结果是，恢复中国第二把交椅的位置。

梅汝璈法官在谈判中为了国家的利益，据理力争，让谈判的气氛变得紧张起来，但是他懂得运用幽默的说话技巧，很快缓和了紧张的气氛，拉近了彼此距离，为取得谅解、达到目的创造了条件。

在商业谈判中，我们也可以向外交官学习，恰当地运用幽默的手段，以缓解紧张气氛，在对方面前展示自己的气度，树立自己良好的形象，使谈判顺利进行。

反击不等于攻击，幽默一把有奇效

在实际谈判过程中，有时候我们会遇到对方的挑刺或者故意刁难，导致谈判不可避免地会陷入困境中。此时，我们该如何扭转乾坤，让那些故意刁难者知难而退呢？唯有用幽默诙谐的语言反击对方，否则，只会让那些故意刁难你的人更得意，也会让所有对手看笑话。

当然，这种反击需要注意一定的方法以及技巧，才能巧妙地化解尴尬，为自己解围，同时也不至于谈判破裂，双方下不了台。

在美国的一个犹太人聚集地，一个富翁请一位犹太画家为他画肖像。

犹太画家精心地为富翁画好了肖像。不过，富翁却拒绝支付议定的500美元报酬。他的理由是：“你画的根本不是我。”

没过多久，画家就将那幅肖像公开展览，取名为《贼》。富翁得知后，十分生气，打电话向画家抗议。

听到富翁在电话那边咆哮，画家平静地说：“这事与你有什么关系？你不是说过了吗，那幅画画的根本就不是你。”

于是，富翁不得不买下这幅画，改名为《慈善家》。

这就是传说中的“以子之矛，攻子之盾”，是“以彼之道还施彼身”的精髓所在。在实际谈判中，当对方不愿意履行承诺的时候，我们之前所谈的成果就要付诸东流，这时候我们就需要冷静对待自己所遇到的事，找到对方的要害，以诙谐、巧妙的方式迫使对方就范。我们应该记住这样一句话：对方想要激怒我们，我们则惹对方一笑，暗中还击，这才是高明的谈判策略。

在谈判过程中，遇到对方刁难时，最失败的反应就是以牙还牙。因为，这种应对方式只会造成谈判失败。

有一次，著名作家克雷洛夫与房东签订租房合同时，那位房东在金钱上十分计较。房东事先就知道克雷洛夫是一个穷光蛋，便在租房合同特别写了一条：假如克雷洛夫不小心引起火灾烧了房子，那么必须赔偿一万五千卢布。

不过，令房东没想到的是，克雷洛夫看完，非但没有提出反对，而且还很大方地在后面连续加了两个“0”。

房东一看，喜出望外，说“哎呀呀，一百五十万卢布。”

其实，克雷洛夫并不真的愿意多赔钱。他像没事一样，说：“是的，反正多少都一样赔不起。”

房东听了，目瞪口呆，一句话也说不出来。

在实际谈判中，如果你遭受到了对方恶意顶撞、攻击、讽刺挖苦或者出言不逊，这时不需要以牙还牙，针锋相对，这样会让局面变得一发不可收拾，而是需要将对方的讥讽之词当作前提，作为铺垫，作为条件，顺势表达出自己的看法，从而达到反击的目的。

一位顾客因为饭馆的菜做得不好吃而与饭馆老板展开了谈判：

他叫住老板："老板，这盘牛肉简直没法吃！"

老板："这干我什么事？你应该到公牛那里去抱怨。"

顾客："是呀，所以我才叫住了你。"

顾客按照老板的荒谬逻辑，推论出老板应是"公牛"，搞得对方哭笑不得，自食其果。这种方法在谈判中用处极大，它抓住对方的话柄，顺着说下去，让其向着有利于自己的方向发展，从而产生强烈的幽默效果。

这种谈判方法的特色是不作正面抗衡，而是在迂回的交谈中，顺着对方的话说下去，借力胜敌，从而达到自己的目的和产生幽默感。

让对手折服的，往往是因为你的口才

在谈判过程中，我们经常会遇到这样的情况：当自己打算向对方提出某项要求时，却不知道对方会不会答应。当然，一旦这个要求被对方拒绝，那场面肯定会很难堪，甚至还会危及彼此之间的合作关系。而幽默往往会有效处理这种问题。

换言之，我们可以幽默地提出自己的要求，假如对方因为种种原因不可能或者不愿意满足这个要求，那对方同样可以幽默地拒绝。这样一来，任何一方都不会感到难为情或自尊心受到伤害。假如以幽默的方式提出自己的要求，而对方也答应了，那双方就可以进入正式的谈判。

1969年9月的一天，时任美国国务卿基辛格就越南战争问题与苏联驻美国大使多勃雷宁举行会谈。

谈判正在进行，尼克松总统给基辛格打来电话。接完电话，基辛格对多勃雷宁说："总统刚才在电话里对我说，关于越南问题，列车刚刚开出车站，正在轨道上行驶。"

老练的多勃雷宁试图缓和一下气氛，机智地接过话头，说："我希望是驾飞机而不是火车，因为飞机中途还能改变航向。"

基辛格立即回答说："总统是非常注意选择词汇的，我相信他说一不二，他说的是火车。"

在这次谈判中，基辛格巧用火车与飞机的比喻，幽默地进行旁敲侧击，鲜明、坚定地表明自己的立场，巧妙地探出了对方的口吻，而他的语气和态度又不显得十分强硬，让对手容易接受。因为，在谈判中，隐晦、形象的试探语言，往往能有效地活跃谈判气氛，使谈判轻松、愉快，并逐步向有利的方向发展。

有一位顾客在一家很高级餐厅用餐时，把餐巾纸系在脖子上。餐馆大堂经理看到这一幕，觉得这对餐厅影响不好，就叫服务员过来，对他说："你去让那位先生了解一下，在咱们餐厅，那样的行为是不容许的。但是，你千万记得，语气要随和、尽量委婉些，不要让那位先生感到难堪。"

这位服务员来到了那人桌子旁，很有礼貌地问："请问先生，您是要理发呢，还是刮胡子呢？"

话音一落，那位顾客马上意识到自己失礼，立即取下了餐巾。

服务员并没有直接指出客人的失礼之处，而是以幽默的方式询问两件与餐馆服务项目毫不相干的事情（刮胡子和理发）。从表面上看来，似乎是服务员问错了，而事实上他是通过这种风马牛不相及的幽默话语，来善意地提醒这位顾客，不但使顾客意识到自己的失礼之处，而且又做到了礼貌待客，不伤害客人的面子。这个服务员用的正是旁敲侧击的幽默技巧。

虽然，服务员不能把顾客当成对手来看待，但是，实际上这位服务员确实是和顾客进行了一次普通意义上的谈判。试想一下，如果服务员直接指出顾客不礼貌的地方，顾客必定会非常尴尬，可能就头也不回地离开了，并且以后也不太可能再来，餐馆就可能因此失去一位顾客。

因此，在谈判中运用幽默时，还要注意，在说话之前要先动动脑子，从正面、反面、侧面等多角度地想一想，找出可以使对方得到启示的、多种不同的表达方式，选择其中最好的一种，从而达到预期的效果。事实上，在谈判中，最会说话、最能够说服对方的人往往是那些懂幽默，又能一语中的的人。他们平时话不多，但在关键时刻，总能一鸣惊人，把话说到点子上。

用幽默的唾沫，为对方的气焰消消火

对谈判的双方来说，最重要的就是相互尊重。无论双方代表在个人身份、地位上有多大差异，他们所代表的组织在力量、级别等方面是否强弱悬殊，一旦坐到谈判席的两边，就都是平等的。

在谈判过程中，经常出现这样的情况：有的谈判代表自恃地位高贵，或背后实力强大，在会谈中傲慢无礼，对另一方挖苦攻击，试图在气势上占据上风，迫使对方屈服；也有的代表缺乏自身涵养，谈判不顺利时恼羞成怒，对另一方侮辱谩骂。这种时候，假如想不辱使命，不失气节，又不致激化矛盾，使谈判夭折，被攻击的一方可以使用幽默语言回敬无礼的对手，扼杀其高涨的气焰。

战国时期，齐国大夫晏子出使楚国。在接见他之前，楚王准备先侮辱他一番，借机来挫一挫齐国的威风。楚王派人把城门紧紧关闭，然后在城门边上凿了一个只能容一人通过的小洞，让晏子从这个小洞钻进城。换了别人，就可能会大发脾气或怒而返回——那样就难以完成使命。

晏子只是淡淡一笑，说："只有出使狗国的人才从狗门进去。现在，我是出使堂堂的大国楚国，怎能从这样的狗门进去呢？"

楚王听说后，无言以对，只好命人打开城门，把晏子迎进都城。

楚王接见晏子时，见他身材矮小，就挖苦他说："难道齐国没有人了吗？"

晏子随口答道："齐国临淄大街上的行人太多了，一举袖子就能把太阳遮住，流的汗像下雨一样，人们比肩接踵，怎么会没有人呢？"

"既然有这么多人，怎么会派你这样的矮子为使臣呢？"

"我们齐王派出使者是有标准的，最有本领的人，派他到最贤明的国君那里去。我是齐国最没出息的人，因此被派到楚国来了。"

面对楚王对自己的人身侮辱，晏子气定神闲，从容反击。他顺着楚王的话贬低自己，抬高自己的国家，同时有力地奚落了楚王，使气势凌人的楚王无言以对。晏子凭借自己的机智和雄辩，打击了对方的嚣张气焰，维护了国家和个人的尊严，从而为后来的谈判营造了平等互利的氛围。

1984年秋天，外交部副部长周南和英国代表伊文思就香港主权的收复问题再次举行会谈。

在谈判之初，周南笑着对英方代表说："现在已经是秋天了，我记得上次大使先生是春天前来的，那么就经历三个季节了：春天、夏天、秋天——秋天是收获的季节。"

表面上看，周南是就英方代表来华的时间，进行关于自然现象的闲谈，但对话双方都明白，此话暗含着另外一层意思：谈判已进行了很长一段时间，到了该得出明确结论时了。周南这番话讲得自然得体，不仅融洽了气氛，还表明了我方的意向和决心。

在外交场合，老练而有素养的谈判代表常用一些幽默含蓄的辞令来委婉表达自己的意见。这些暗示语的真正含义通常指向关键性问题，而用这种表面温和的方式表达出来，可以使会谈气氛显得轻松、文雅，从而使实质内容的尖锐所造成的紧张情势有所缓解。

在谈判中采取幽默的姿态，不仅能够钝化对立感，营造友好和谐的会谈气氛，而且还能在不经意的话语中埋下机关，在笑谈中有力维护自己的权益。

懂幽默，你会成为一名高明的谈判家

作为一个聪明的谈判者，常常善于观察和思考，不放过任何可以展现幽默的机会，也会非常注意场合，看准对象，掌握幽默技巧，使幽默发挥出最大的效果。

在20世纪70年代末的一次外贸谈判中，中方代表拒绝了一位红发外商的无理要求。

没想到，这位外商恼羞成怒，竟然出口伤人："代表先生，我看你皮肤发黄，大概是营养不良造成你思维混乱吧！"

中方代表马上反驳说："经理先生，我既不会因为你皮肤是白色的，就说你严重缺血造成你思维混乱，也不会因为你头发是红色的，就说你吸干了他人的血造成你头脑发昏。"

这就是所谓的"以其人之道还治其人之身"，用嘲笑反嘲笑对方，以讽刺对讽刺，在反嘲讽的过程中粉碎对方的诡辩和言语攻击。显而易见，作为谈判者的反击是很有力的，且是诙谐有趣的。

女大使柯伦泰在担任苏联驻挪威全权贸易代表时，曾就购买鲱鱼问题与挪威商人进行谈判。在谈判过程中，由于挪威商人要价太高，致使谈判陷入了僵局。

这时，柯伦泰说了一句幽默的话："我同意你们提出的价格，如果我国的政府不批准这个价格，我愿意用自己的工资支付金额。但这自然要分期支付，可能要支付一辈子。”

听她这样一说，对方代表面面相觑，最后全同意将鲫鱼价格降到最低限度，从而使得谈判赢得成功。

当谈判陷入僵局时，我们可以以幽默的语言巧妙感化、说服对方，这样可以让对方产生共鸣，从而做出让步。在情理之中，说上几句幽默的语言，让对方在莞尔一笑的同时，能够很好地理解自己，这样我们获胜的概率就大了。

在20世纪30年代，卓别林写成了一部以讽刺和揭露希特勒为主题的喜剧电影脚本《独裁者》。不过，就在影片开拍时，派拉蒙电影公司却说：“我们曾用‘独裁者’这个名字写过一个闹剧，这个名字是我们的专利。如果卓别林一定要用这个名字，则要交付二万五千美元的转让费。”卓别林多次派人与其谈判，未果，只好亲自上门与其谈判。

在谈判过程中，卓别林灵机一动，用笔在片名前加上一个“大”字，改成《大独裁者》，然后幽默地说：“你们写的是一般独裁者，而我写的却是大独裁者，我们两不搭界，这两者根本就是风马牛不相及的事情。”

结果，这家电影公司的老板无话可说，只好按照卓别林的脚本开拍。

有时候，在实际谈判中，我们可以运用风趣的语言以出乎意料的方式提出双方都能接受的条件，以达到对方变换要求和改变己方在谈判中所处的不利地位。本来卓别林是处于不利地位的，但聪明的他很快想到了一个绝妙的办法，既然你觉得这个名字是你取的，那我在前面加一个字就与你们区分开了。

Part 10

谁都离不开朋友，幽默的人到处收获友谊

我们变幽默时，朋友就会越来越多，陌生人会成为新朋友，新朋友会成为老朋友。与新老朋友交流时，彼此之间没有交流障碍，可以说天说地，聊过去有趣的事情，未来美好的愿望，工作中的成绩、家里的烦恼等。事实上，这与朋友分享的过程，我们不仅能收获友谊，还能练就幽默。

说话充满笑料，谁都愿和你当朋友

在交际场合，我们最终目的是与陌生人成为朋友，所追求的是一团和气，而不是争执、冲突。谁朋友比较多，谁就是最大赢家，多个朋友多条路。

俗话说："在家靠父母，出门靠朋友。"在交际场合中，假如我们可以多交一些朋友，经常与朋友谈心，聊天，这样就会慢慢地拓展我们的交际圈子，我们所了解的信息也越来越多，而且，在与朋友的相处过程中，我们可以他人之长补己之短。若是遇到了什么难过的事情，或遇到了什么重大的困难，身边的朋友也可以为我们出出主意。伤心难过的事情，可以找朋友倾诉；开心幸福的事情，可以跟朋友分享。

虽然，这是众所周知的道理，却有不少人道出"交友难"的苦水，似乎自己并不差，但好像就是得不到别人的认可。这该怎么办呢？其实，交友难，难就难在交友的方法上，而幽默却是一种很有效的方法。即便陌生人见面了，假如能幽默一点，那气氛将变得十分活跃，双方之间的交流也会变得更加顺畅，还为日后和谐融洽的人际关系奠定坚实基础。

有一个光头，别人说他：“你理发不用花钱，洗头不用烫发。”

他当场就生气了，变了脸，使得原本比较轻松的环境变得紧张起来。

从这以后，别人看见他都不敢跟他开玩笑，身边愿意跟他说话的朋友也少了很多。

与此类似，结局却大不一样的是另一件事。

有一位经常参加演讲的教授，也是一个光头。当站在讲台上时，他说：“一位朋友称我聪明绝顶，我含笑着回答‘你小看我了，我早就聪明绝顶了’。”

随后，他指了指自己的头，说：“我今天演讲的题目是外表美是心灵美的反映。”

就这样，这个光头教授开始了演讲，而他那几句幽默的话使整个会场充满了活跃气氛。

同样是光头，对于这样一个比较特别的外表形象，是很容易受到别人的嘲讽的，但他们所得到的认可为什么不一样呢？原因在于前面一位光头先生缺少幽默感。在日常交际中，友善的幽默可以表达人与人之间的真诚、友爱，可以沟通心灵，拉近人与人之间的距离，从而跨越人与人之间的鸿沟。

交朋友是一个长期的话题，人的一生都会在不断交友中度过，每个时刻的朋友都会不一样，每一个环境的朋友也都不同，回忆一下，泛泛之交太多，而真心交流的朋友太少了。

有人看了很多交友书籍后却发现自己完全没有交友的能力，他觉得自己的书读错了，于是换了一堆书，结果某一天幡然醒悟，靠技巧交的朋友又有多少是真朋友呢。

这是一个一直都存在的争论，到底是原始交友好，还是技术交友好。其实，这个问题跟缘分有点儿像，到底是自然而然的缘分好，还是勇追而来的缘分好呢？从学术的角度看，一个是自然派，一个是现代派，前者表现的是无所谓的态度，而后者是“我命由我不由天”。

作为一个社会人，你必须要做技术派，如果不往前走一步，那么你就会往后退一步，当人生退后一步时，见识等各方面都会呈现落后的征兆，你没有交往的那些人可能会让你的人生更加积极向上，让你本人越来越富有魅力。

交友的态度确定以后，我们应该直接实施技术派交友的方法。无论是内在计划派还是外在技术派，我们都不在此展开文字探讨，这里只讲幽默交友之道。

在日趋疏远化的社会群众中，当你两个月不见好友，可能在路上彼此见了都忘记了长相，这种说法可能有点夸张，但这种快餐式的活动下，很多交流都越来越短暂，就像广告越来越短，而图书的文字也越来越少一样。

信息时代，对文字的运用让很多人的交友经验都异常丰富，来不得半点虚假，如果在文字中表现得幽默一点，就很容易让人们第二天继续跟你沟通，而表现得平淡一点，则会让人忘记你的相关事情。可以选一个幽默的短信，在平日里给一些好友发送，以保持沟通，如下面的短消息就很合适。

馒头和面条打架，馒头被打哭了，回家叫上花卷和包子去面条家报仇，结果这次是方便面开门，馒头说：“你小子把头烫了，我也认

得你！”

电话、微信交友也一样，幽默的语言是除了优秀的嗓子以外最吸引他人的地方。一个人喜欢跟你聊天的原因，或者是因为业务往来，或者是因为感情，或者是因为某种吸引力。

我们变幽默时，朋友就会越来越多，陌生人会成为新朋友，新朋友会成为老朋友。与新老朋友交流时，彼此之间没有交流障碍，可以说天说地，聊过去有趣的事情，未来美好的愿望，工作中的成绩、家里的烦恼等。事实上，这与朋友分享的过程，我们不仅能收获友谊，还能练就幽默。

朋友也有矛盾，幽默一下道歉也会很有趣

俗话说：“智者千虑，必有一失。”一个人再聪明，再能干，也总有失败犯错误时。

著名军事家孙子曾说：“过也，人皆见之；更之，人皆仰之。”在日常生活中，我们都不可避免地会做错一些事情，但是，做错了事情并不可怕，只要能够及时认识到错误并改正错误，以幽默的方式向对方“认错”，就会有效解开矛盾，缓解笼罩在彼此心头的怨气。

人交往时，有可能会说错话，有可能会做错事，这就难免会得罪到他人，使原本和谐友好的人际关系出现了裂痕。但是，在错误发生

之后，如果我们能及时“认错”，语言委婉而风趣，主动承担责任，一般情况下，是能够得到对方的原谅的。当然，假如你发现自己错了，却不愿意道歉，甚至处处找借口为自己辩解，这样的不仅得不到朋友的谅解，反而还会受到道德上的谴责。因此，我们不能小看了“认错”的作用，而且，我们还需要学会幽默地道歉，这样才更容易赢得对方的谅解。

卡耐基从家步行一分钟，就可以到达森林公园。他常常带着一只叫雷斯的小猎狗到公园散步。因为他们在公园里很少碰到人，这条狗友善而不伤人，所以卡耐基常常不替雷斯系狗链或戴口罩。

有一天，他们在公园遇见一位骑马的警察。警察严厉地说：“你为什么让你的狗跑来跑去而不给它系上链子或戴上口罩？你难道不知道这是违法的吗?”

“是的，我知道。”卡耐基低声地说，“不过，我认为它不至于在这儿咬人。”

“你不认为！你不认为！法律是不管你怎么认为的。它可能在这里咬死松鼠，或咬伤小孩，这次我不追究。假如下次再被我碰上，你就必须跟法官解释了。”警察再次提出了警告。

卡耐基照办了。可是，雷斯不喜欢戴口罩，他也不喜欢这样做。

一天下午，他和雷斯正在一座小坡上赛跑。突然，他看见那位警察正骑在一匹棕色的马上。卡耐基想，这下栽了！他决定不等警察开口就先发制人。

他风趣地说：“先生，这下你当场逮到我了。我有罪。你上星期警告过我，若是再带小狗出来而不给它戴口罩，你就要罚我。”

“好说，好说，”警察回答的声调很柔和，“我知道没有人的时候，谁都忍不住要带这样一条小狗出来溜达。”

“的确忍不住。”卡耐基说，“但这是违法的。”

“哦，你大概把事情看得太严重了，”警察说，“这样吧，你只要让它跑过小山，到我看不到的地方，事情就算了。”

卡耐基使用了一个口才幽默策略，风趣地自责，再加上先发制人，率先批评自己，这使对方有一种被尊重的感觉。因为，当卡耐基风趣责备自己的时候，警察已经呈现出宽容的态度。如果我们免不了要受到责备，为什么不自己“幽默”地先认错呢？至少，谴责自己总比挨别人批评好受得多。当你清楚地知道对方即将责备你的时候，不妨先幽默地把对方责备你的话说出来，这样一来，对方一定会以宽大、谅解的态度来对待你。

幽默而巧妙的道歉，能够挽救友谊危机，化解尴尬气氛，继而巩固友谊，推进新的人际关系的发展。

当然，我们在认错时，需要注意当发现自己说错话或者做错事情时，就需要及时地认错，认错越及时越有效果，我们很难想像在几十年后才说“对不起”会发生什么事情。当然，认错的最佳时机还应该选在双方都心平气和时，这样对方更容易接受你的道歉。

此外，认错并不是等对方开始责备再道歉——这时，你已经激起了对方的怒火。因此，我们需要先发制人，率先批评自己，再加上风趣的言语，这样对方就不好意思再责备你，而且，也会宽容你。

朋友之间可以说笑，但隐私绝对不是笑料

谁都有自己的秘密，都有一些藏在心里不愿让人知道的事。当和朋友闲聊时，即使你们感情再好，我们也不要去揭别人的伤处，或是将别人的隐私公布于众，更不能以此当笑料。要知道，当你说出了别人的隐私，你可能是说者无意，但听者却是有心啊！这样就会给自己树立一个自己不知道的敌人。

一个茶馆老板的妻子结婚刚刚两个月就生了一个大胖小子。为此，邻居们赶来祝贺。

老板的一个好朋友吉米也来了。他送的礼物是纸和铅笔。老板谢过之后，问："吉米，给这么小的孩子送纸和笔，不太早吗？"

吉米说："不会的，您的孩子很性急。本该9个月才出生，但他偏偏两个月就出世了，6个月以后，他肯定能去上学，所以我才提前给你准备了纸和笔。"

话刚说完，人们都大笑起来，茶馆老板夫妇无地自容，满脸通红。

这位朋友调侃别人的隐私已是不对了，何况还选在一个公众场合揭别人的短，或许他是无意间这么做的，但这样随意的调侃，很可能会让他失去一个多年的朋友。

其实，像吉米这样的人还有很多，他们总喜欢将调侃别人当成一

种乐趣。就许多模范丈夫来说，对妻子服服帖帖，本来就是夫妻双方你情我愿的事，但偏偏就有一些无趣的人喜欢将此事当作谈资，完全不顾及别人的面子。

一群人在闲聊。

A：“C能说说你是怎么当丈夫的吗？”

B：“那可真是‘三从四德’啊！”

A：“真的？”

B：“千真万确，所谓三从就是：太太出门跟从；太太命令服从；太太说错盲从。四德（得）则是：太太化妆等得；太太生日记得；太太打骂忍得；太太花钱舍得。”

顿时，C被气得说不出话来。

很明显，B为赢得一些廉价的笑料，不顾C的面子而调侃，这无疑是对C的一种伤害。同时，这也显得B缺少教养，对自己的形象也是一种伤害，只是B暂时还感觉不到这种伤害罢了。

另外，工资也属于个人隐私。因为不同的人干不同的工作，获取工资多少，不单是个人能力高低问题，也会有不同的工作价值取向在里面。而只以工资多少来看人，只能反映出这个人对工作价值理解的浅薄。

一群人在沙滩上玩乐。

这时，王某抓起一把沙子，笑着对大家说：“你们看这沙子就像小杨那微薄的工资一样，不管他抓得多么紧，总会从手指缝漏去，最后就只剩那么一点。”

众人听后大笑，而小杨的脸色却十分难看。

对于王某这种拿别人隐私来幽默的做法，很可能会让小杨的自尊心受到伤害。因为，幽默也是会伤人的，尤其是在涉及别人的隐私和缺点时。当我们说幽默话时，一定要拿捏好度，千万不能拿别人的隐私开玩笑，不能伤害别人。

朋友之间的幽默，也有一条底线

按照关系定律，你站在一个位置，离这个位置越近的人越是跟你关系不错的，那么说话的方式就可以此来定。说话时，每个人在每个场合说话都不一样，有些人说得让对方难以接受，有些人说得让周围人难以接受，有些人说得让自己难以接受。

李蒙最喜欢做的事情就是和女生聊天。他几乎都不跟男生聊天，让人以为他是gay。周围的女生不喜欢跟他聊天，因为他每次都说得人家面红耳赤的。可是，他又一副娘娘腔，让女生完全不好说什么。

办公室新来了一位漂亮女同事，李蒙开始跟她套近乎。对方已经有男朋友，李蒙也有女朋友。可是，李蒙每次喝酒后就给这个女同事打电话，总是说很想她，让她给自己一个机会，做异性兄妹。在办公室时，李蒙还说，就想吃女同事给他做的饭——这样可以将姐妹进行到底。

女同事觉得李蒙平时很幽默，每天笑话不断，很吸引人。可是，他这样做就不是幽默了，太具有攻击性了，完全不知道轻重地对待人。女同事大为光火——她可不愿意跟这个人发展更深的感情。

跟人交往，不应该把一种幽默放大到无限。因为再好的幽默也不能得到所有人的认可，跟吃饭一样，南北口味不同，男女口味不同，大人小孩口味不同，每个家庭的口味也不一样，如果把一种口味的幽默用到所有人的身上，很容易让人伤神，费心不讨好。

王翔为人实在，幽默风趣。

有一天，老婆问他："老公，你说我瘦了吗？"

王翔看着老婆丰满的身材，说："老婆，你每天都吃那么多，怎么可能瘦下来呢。"

老婆大发娇嗔："什么嘛，人家就是多吃一点而已。"

王翔看着某些部位有点臃肿的老婆很无语。

中午午餐，大家一起边吃边聊。一个身材瘦弱的同事谈起了自己刚刚看的一个新闻："美国有好多胖子都有几百公斤了，据科学家调查，人们容易发胖就是管不住自己的嘴，我们每天摄入的营养要比身体所需的营养多太多，胖子都是活受罪。"

王翔想到了早上老婆的行为，对此深表同意，接着同事的话说："可不是，胖子都要为自己的行动负责，胖不是一个道德的行为，他们胖纯属自找的。"

结果，他把公司的人同事都得罪了。

开玩笑的尺寸多少是适合的，跟朋友的距离多少才能达到幽默的长度，是需要思考的。如果是好朋友，可以拿人们时常讽刺的幽默来开玩笑，可以引起人们的共鸣，换了不熟的朋友，恐怕会被人说你不分轻重，不懂分寸。

如果你的附近有女性听众，不要拿皮肤、幸福、人生、婚姻、孩子、房事等话题来开玩笑，很容易"说者无心，听着有意"，无意中引起矛盾，或者得罪他人。

刘晓萍快40岁了，但因为先天的原因还没有孩子。孩子已3岁的同事小李在旁边叽叽喳喳地说起了最近听到的一个八卦。

两个女人进了协和医院大厅，其中一个肚子挺大的，是马上要分娩的孕妇。

一个护士走过来问："你是要生了吗?"

孕妇回答："是的。"

护士例行公事地说："顺产，还是剖腹产?"

孕妇眉头一皱："剖腹产吧!"

护士看了孕妇的大肚子一眼："那怎么不住院呢?"

孕妇笑着说："没事儿不着急，床位好像满了。"

好心的护士说："我一会儿帮你问问看，有没有床位，今天日子不错，八月八日，能生就生了吧。"

小李说完，然后来一句总结："旁边的人都觉得这个孕妇心太大了，现在生孩子的都不着急。"

刘晓萍心里一阵不舒服。其实，她很希望自己有孩子的，可是老天不帮忙呀。刘晓萍咬了咬牙说："现在生孩子容易带孩子太辛苦了，好多外婆和奶奶都不愿意带孩子呢!"

小李的脸色一阵红一阵白，因为她自己因为没人带孩子，在家待了好久。

如果是关系不错的好朋友，可以两个人常见的相处方式随便说话，按照两人已有的默契说话来保持双方关系的畅通。因为双方都很了解对方，所以要避开对方的"伤疤"进行交谈，这样才能让伤好得更快。

再要好的关系也总有一些底线，对男人来说，老婆是不能被别人随意拿来开玩笑的。再好的关系，也不能拿对方的不足开玩笑，即使可以开玩笑，也不能过多，这样不仅让对方烦躁，还容易让对方觉得你对他有恶意。

幽默不是讽刺，“刺”多了朋友都会疏远你

送人玫瑰，手留余香。我们在使用幽默来赞美周围的人与事时，尤其要注意场合和说话口吻，否则你的幽默就可能变成讽刺，最终导致身边的朋友疏远你。

在这个竞争日益白热化的时代里，由于生活、工作中的种种压力，人们越来越渴望用幽默让自己快乐起来。然而，很多人却误解了幽默的含义，以致把讽刺错认为幽默，把自己的欢乐建立在他人的尴尬上。有的人认为自己比别人优秀，因此会在言语中让别人觉得他高人一等，甚至还会在言语中讽刺别人不如自己。最终，他的幽默成为讽刺。

有一天，一位富家少爷应邀参加一个慈善舞会。

在会上，他邀请一位身份平常的慈善女成员跳舞。

女成员很不好意思地说：“您怎么会和我这样一个平凡的人跳舞？”

富家少爷幽默地说：“这不也是一件慈善事业？”

很明显，这位富家少爷的幽默是抬高了自己，贬低了他人，实在是让人难以发笑。女成员听完他的话后，或许会正色对他说：“我想我还是不接受您的慈善为好。”

朋友间的友情是需要好好维系的，而婚姻更需要小心呵护。婚姻就好比是珍贵的水晶，美丽且易碎，因此夫妻间更应注意自己的言辞，切勿将幽默变为讽刺，以免让美丽的水晶留下疤痕。

老王平时很喜欢开玩笑捉弄别人。

一次，老婆对他说：“同事都说我胖得像猪。”

老王义愤填膺地说：“他们怎么能叫你猪呢？这实在是太不像话了！总不能人家长什么样就叫人家什么吧！怎么能说你像猪呢？那简直是侮辱了猪。”

老婆听后，狠狠地瞪了他半天，最后喊道：“老王，我要跟你离婚！”

本来老王的妻子是想得到丈夫的安慰，没想到，丈夫却直言说妻子连猪都不如！要知道，不论是什么样貌的女人都忌讳别人说自己不好看，何况还是自己的丈夫。所以，当妻子听到丈夫的这番话后，自然会气得想要和他离婚。

对有的人来说，的确是无心讽刺对方，但有人却是真的想通过讽刺对方来达到自己心理上的满足。但有时他们也会“讽刺反被讽刺误”，被对方反讽刺，以致让自己丢了颜面。

有一天，小林刚从朋友家回来，恰巧在街上迎面碰上了两个平时总爱挖苦别人的同事。

随后，他俩很热情地和小林打了个招呼。其中一个拍了一下小林的肩膀，说：“小林，我们刚才正在为你而争论。你说你这个人究竟是更无赖，还是更愚蠢呢？”

小林马上抓住他们两人，说：“哦，答案就是，我处于这二者之间。”

小林的这个回答，不仅使那两位自以为是的同事没有达到讽刺别人的目的，反倒把他们给绕了进去，自嘲了一回。

讽刺就好比是一个哈哈镜。当你面朝它时，就会从镜子里看到自己扭曲的外表，可笑的也只会是自己。所以，我们应该找到一面真实的镜子，以弄懂什么才是真正的幽默！

几句寒暄，让彼此成为忘年交

游走在社交场合上，我们虽然名片越来越多，但无话不谈的真正朋友却很少，似乎大多数朋友都是场面上的。与人见面，除“您好”“再见”之外，似乎再也没有什么话可说了。对于交际场合中的朋友，即使打了招呼说“您好”，还需要巧妙周旋几句才能说“再见”。许多善于运用幽默的社交高手，风趣寒暄几句，就拉近了彼此的心理距离。等到再次见面时，曾经场面上的朋友已经成为朋友。

在生活中，客套的“场面话”是不可或缺的，它犹如黏合剂，拉近了人与人之间的心灵距离。一旦缺少了适时的场面话就使整个交谈尴尬窘迫，甚至不知道接下来该说些什么。特别是对于那种还比较陌生的朋友，适时的场面话更不可缺少。所以，在日常交际中，我们需要适时风趣寒暄几句，给人留下深刻的印象。

新年就快到了，公司为了庆祝，特地举办了一次鸡尾酒会。

销售部最年轻的经理小王也参加了。跟不同的客户寒暄了几句，小王就躲进了角落里喝橙汁。他不太擅长说场面话，于是躲起来图个清静。

没想到，一个商人模样的中年人却走过来打招呼。小王赶紧放下冰橙汁，与他握手。

那位中年人笑着说："为什么你的手冷冰冰的呀？"

小王忙着解释，朝那杯冰橙汁指了指。

中年人马上摇头："不不不，你只需要说'但我的心是热的'就行了。"

小王窘迫地笑了笑，与中年人大聊了起来。

两人发现彼此兴趣爱好相同，很快成为知己。

也许，中年人并不关心小王的手为什么是冰冷的，而小王也没有必要解释为什么自己的手是冰冷的。当两个陌生人见面时，他们所需要的只不过是风趣地寒暄几句，这样可以在有限的时间内给人留下深刻的印象。

一般情况下，那些诙谐幽默的场面话，定会给对方留下深刻的印象，无形之中就拉近了彼此的心理距离。

雪后初晴的一天，作家盖达尔正在公园里兴致勃勃地堆雪人。忽然，在他身后响起了"咯吱咯吱"的踏步声。他回头一看，一位年轻姑娘正向他走来。

姑娘彬彬有礼地向他伸出右手说："我认识您，您是作家盖达尔，我读过您的全部著作。"

盖达尔听了，微笑着幽默地说了一句：“我也认识你，你或许是七年级或十年级的学生，我也读过你全部的书，代数、物理、三角。”

这时候，姑娘笑着作了自我介绍。从此，他们便成为好朋友。

在日常交际中，寒暄的目的就是结识朋友，同时也是增进彼此的感情。我们所说的话，就表达了自己的情绪和情感，我们所要传递给对方的信息全在这句话里，因此，一定要增加幽默的元素，风趣的话，往往能起到意想不到的作用。

寒暄是人们在应对各种关系时的现象之一，这是日常交际的需要，但并不意味着你的寒暄说得越多越好，而在于越风趣越好。毕竟，在交际场中，人们所听到的寒暄并不少，他们只会记住那些特别的。而幽默是完全具备这个特质的，当许多人习惯性地说“您好”，你却风趣地说一句“这个世界太小了，竟然在这里遇到你了”，那肯定会给对方留下十分深刻的印象。

Part 11
幽默让爱情甜蜜而有趣

那些足够幽默、风趣的人，总能让恋人陶醉于爱河之中。一对恋人能够适当地使用幽默来谈情说爱，其爱情就会增加一份美感。处于热恋之中的人，要记得多利用幽默来给爱情加温，营造出轻松愉快氛围，让爱情生活更富有情趣。

用幽默的语言，最能俘获对方的心

幽默是爱情的催化剂。那到底该如何向恋人表露自己的爱慕之情呢？虽然这没有固定的模式可循，也没有现成的话语，却可以运用幽默的求爱方式，即便不能成功，但也不会给今后的交往造成障碍，并且还能保留一份美好的回忆。

当你把一种语体的表达改为另一种不同风格的语体来表达时，往往会使人忍俊不禁。倘若能用这种方式来向对方求爱，就有可能会让对方在轻松愉悦之中欣然接受。

电影《阿飞正传》中，就有这么一段很有创意的幽默情话。

一个慵懒的下午，阿飞对苏丽珍说："看着我的表，就一分钟。16号，4月16号。1960年4月16号下午3点前的一分钟你与我在一起，因为有你，所以我会记住这一分钟。而从现在开始我们就是一分钟的朋友，这是一个事实，你无法改变，因为那一分钟已过去了。明天我会再来。"

如此幽默有创意的情话，相信没有几个人能抵挡得了！反正苏丽珍没有，这是她的内心独白："我不知道他有没有因我而记住那一分钟，但我却一直都记住这个人。之后的每一天他都来，我们就这样从一分钟的朋友变成了两分钟的朋友，没过多久，我们每天至少要见一小时。”

其实，在现实生活中也有这样的例子，一个男孩就是用这种新颖的赞美方式，娶到了自己心中的“白雪公主”。婚后，妻子幸福地诉说了他们浪漫的爱情。

“当我在大学里做兼职银行出纳员时，一个很帅的小伙子几乎每天都到我的窗口来，每次都是存款、取款。直到他将一张纸条和银行存折一起交给我时，我才明白他是为了我才这么做的。

“亲爱的颖：我一直都储蓄着这个想法，希望有一天能得到利息。假如你周五有空，能否将自己存在电影院里我旁边的那个座位上吗？我已经将你可能有约会的猜测都记在了账本上；若真是这样，我会取出我的要求，并将它安排在周六。不管贴现率怎样，陪伴你我始终是很愉快的。我想了一下，你应该不会认为这要求太过分，以后再同你核对。真诚的林。

“我最终无法抵制这诱人、新颖的求爱方式。”

实际上，情书就是用来表达内心的真挚情意，也是一种极为强烈的“印象装饰”，因为它通过优美的文辞与修饰过的语句，来抒发内心的情感并打动对方的心，让对方看了能欢喜、感动。因此，情书必须写得深情款款，这样才更能打动对方的心弦，赢得芳心。

爱是离不开幽默的，情书也是如此。幽默的求爱、求婚方式，会更有魅力，更富于使人心动浪漫的情趣。在同对方的交往中，倘若你能扬长避短，在言辞上多下点功夫，并用幽默风趣的谈吐制造出一种活泼、有趣的交际氛围，那么你就会在不知不觉中获得对方的青睐。

写情书就好比是投石问路，以此来试探对方对自己的感觉，假如你的表现过于庄重、严肃，那么一旦遭到回绝，情感上就会难以承受，以至于陷入痛苦之中。因此，若能恰当地运用幽默技巧，并以豁达的气度来对待恋爱问题，那么即便得不到爱，至少也不会感到懊悔，同时也不会伤害到别人的自尊。

恋爱时，经常会有人因不知怎样求爱，或方法不当、言语不得体，使对方误解，甚至产生厌恶、反感，结果反倒是将本应美好的事变成了非常糟糕的事，以至双方“情人不成，成仇人”。

要想获得对方的好感，并进一步转化成爱情，首先就要有真诚的心，更重要的是，表达时一定要机智、幽默。因为爱的表达是需要技巧、花心思的，也就是要考虑到如何获得对方的好感和信任。要学会将好感巧妙地转化成爱情，而不是一味地死缠烂打，让人心生厌恶。制造好感是求爱的准备工作。总之，运用新奇、幽默的方式来向异性求爱，往往能收到更好的效果。

幽默是传播爱情的种子

幽默是将欢乐撒向人间的快乐天使，它可以洋溢于日常生活中的每一个空间。同样，在恋爱、婚姻、家庭的领域，更是留下了一片五彩斑斓的幽默题材。幽默故事与材料本身就像一座开采不尽的矿藏，随时都能挖掘出东西，只要稍稍加工，就能美化、装点自己的生活，增添生活中的笑声。

某数学家和女朋友在公园散步。

女朋友问道："我满脸都是黑斑，你真的不在意吗？"

数学家温柔地答道："是的，我绝不会在意！因为我生来就喜欢跟小数点打交道。"

一个问题困扰了无数情窦初开的青年男女，那就是怎样向恋人表露自己的爱慕之情才是最恰当的。一般来说，表达爱慕之情并没有固定的程式可循，也没有现成的话语可套用，不过，运用幽默的方式来求爱是个不错的选择，就算不能情场得意，至少也不会对以后的交往造成影响，而且还可以保留一份美好的回忆。

懂幽默的人都知道，如果将一种语体的表达改变为另一种完全不同风格的语体来表达，通常具有让人忍俊不禁的效果。幽默情人为了使心仪之人在轻松愉悦之中欣然接受，也会借助这样一种方式来向对方求爱。

生命就好比是一朵花，爱情就是花上的蜜，而幽默则是采花后酿造的蜂蜜。

爱是男女间的感情交汇。男人和女人是世界上最奇妙的存在。难怪夏洛蒂·勃朗特会这样说："男人就好比是太阳，女人就好比是月亮。当太阳和月亮的光合在一起，就会组出一个美妙的世界。"

在这个世界，幽默总是扮演着一个守护神的角色，在危机时，它能给人提供安全感；在悲剧时，它能引人向喜剧方向发展。

对恋人来说，双方之间的默契与幽默感具有一种特殊作用：它能让双方在片刻之中发现很多美好的共同事物，不管是从前的、现在的，还是将来的，都会使时间与空间暂时消失，从而只留下美好、欢乐的感觉。

1774年，富兰克林丧偶。1780年他在巴黎居住时，向他的邻居——一位迷人且有教养的艾尔维斯太太求婚。

富兰克林在情书中是这样说的，说自己在梦中看见了自己的太太与艾尔维斯太太的亡夫在阴间结婚了。

接着，他又续写道："那我们来替自己报仇雪恨吧！"

当时这封情书被誉为文学的杰作、幽默的精品。

在写情书时，尤其是第一封情书，不管你的感情沸腾到何种程度，最好都不要直接去说"我爱你"。因为对含蓄的女子而言，这不是高明的表现，有时会被对方厌恶，甚至有的人还会认为这是缺乏修养。

有一位姑娘说，男朋友在给自己的一封信中，只写了很短的一句话："我已中箭了，而且是丘比特的金箭。我祈求你一样中箭，但不是铜箭，而是金箭。"

传说，凡是被爱神丘比特金箭同时射中的男女，都能缔结良缘。假如一人中金箭，另一人中铜箭，那中金箭的人就只能"单相思"。

小伙子正是巧妙地运用了这个神话，以此来给姑娘留下良好的第一印象。

热恋中的男女，由于理念的相通、语言的投机与各种环境的影响，产生亲密念头的机会就很多，这是一种正常的心理现象。

虽说从恋爱到结婚是性意向的产物，但对于婚前的亲密举动，有的人采取直接或粗暴的表达方式；有的人则是采取正统、规范、符合社会伦理道德的表达方式；此外，还有另外一种表达方式，那就是幽默。

直接表达亲密愿望有点庸俗，正统的表达方式又太古板，而幽默的表达方式，既可以表明自己的心愿，同时又不伤害对方。

不妨来看看下面这位小伙子对女朋友的表示。

男说：“我非常苦恼，昨天晚上我梦到我一个人和很多苗条女郎在一起游泳，真的好可怕啊！”

女说：“哦，那你可真有运气，这有什么好可怕的。”

男说：“因为我梦到自己也是女的。”

很明显，小伙子在女友面前是从反面说出他对女性的好奇。小伙子的意思就是说：“可惜我梦见自己是个女的，要是个男的就好了。”

其实，热恋中的女性和男性一样，都在内心渴望一些亲密行为，只是她们隐藏得比较好，因而她们的幽默就会显得更加含蓄。

有一对男女正在热恋中。一天，男友去女朋友家里，见女朋友买的鸡是一只雌鸡和五只雄鸡，就奇怪地问：“你怎么只买了一只雌的，却买了五只雄的呢？”

女朋友回答：“这样，雌的就不会像我一样寂寞了。”

或许，女朋友在买鸡时并不是这样想的，但恰遇良机，女朋友便幽默地将自己的心情向男友表达了出来。

当然，将幽默用于情爱生活，会比靠纯粹游戏而产生的趣味要容易。因男女双方都有取悦对方的心愿，所以只要一方稍做努力，另一方自然是心有灵犀一点通。

若能在恋人面前表现出幽默的智慧与情趣，双方不仅能共享欢乐，同时还能深深地吸引对方。

有一对恋人坐在公园里。

男的说：“我很多朋友都夸你漂亮。”

女的非常兴奋地说："是真的?"

男的说："是啊，还说你不仅漂亮，而且还很迷人。"

女的高兴地说："真的吗?"

男的说："是的，不过，你只能迷住那些没有经验的男孩。"

女的有些失望，困惑地问："那是为什么呀?"

男的说："因为你和他们一样年轻、纯洁、朝气蓬勃、活泼可爱。"

女的心花怒放地说："你太坏啦!"

幽默是爱情的种子。在男女关系里，常常会有一些微妙心理支配着每个细微的行动，假如你能有技巧地掌握、运用好这些因素，那么你就会在热恋中感受到更多的甜蜜。

幽默的女人，总会让男人无法离开

女人要想开启男人爱情的欲望，就必须学会幽默，适时娇嗔几句，说得男人心花怒放，他自然会对你百般疼爱，爱恋有加。当然，幽默风趣，这对于恋爱中的女孩来说比较容易，但若对一位结婚几年的女人好像就有些困难，并不是腻了，而是觉得不知道怎样来表达自己的幽默，如果硬要说点什么，那就只剩下唠叨、争吵了。

婚后，爱的激情被柴米油盐的琐碎生活磨掉了，女人逐渐丧失了幽默感，慢慢变得唠叨，这难免会让男人厌倦。对于这些不懂得

“顽皮”的女人，不要等到丈夫有了外遇，才抱怨自己为什么总是被忽视呢？为什么自己无止境的付出却被抛弃呢？这时女人应该反省一下，自己身上是否还有爱情的痕迹？幽默的妻子，总会让丈夫感到新奇，那些娇嗔的语言总会唤起丈夫内深处的爱。

小李与老公约好下班出去吃饭。已经到时间了，但小李由于工作没完成还不能出去。她心想：老公一定会生气，他很守时。

等忙完工作，她到约定的饭店一看，发现老公果然阴沉着脸，气呼呼地坐在那里。

小李缓慢地走了过去，说：“都是这双讨厌的凉鞋，早不崴脚，晚不崴脚，偏偏赶上这时候。唉，我疼点无所谓，可是却耽误了你的时间，真让我过意不去。”说完，她还一脸疼痛和自责的表情。

老公心疼地说：“你该让我去接你嘛！快让我看看脚。”

小李低下头，却把脸别开，原来她在忍不住笑。

还有一次吵架，老公要离家出走，小李却挡在门口说：“自古以来都是女人离家出走，你这么做不符合事物发展的客观规律。”

老公说：“你想怎么样？”

小李坚定地说：“我走，我要把属于我自己的东西全带走，哼！”说完，她不由分说拉着老公就跑下楼。

老公问：“你究竟要干什么？”

小李说：“你是我的东西啊！”

老公说：“我才不是东西呢！”

说完，他自己觉得不妥当又急忙改口说：“我是东西。”

说完，两人都忍不住大笑起来。一片乌云就这样散开了。

女人偶尔幽默一下，可以博得男人的宠爱。因为在女人面前，男人所扮演的既是朋友，也是兄长，有时候甚至是父亲角色。如果女人表现得幽默、调皮，像小孩子一样，那给男人的感觉就好像女儿一般，自然可以激发他隐藏在心底的爱。

每个女人在恋爱时总是千姿百态的，一会儿顽皮，一会儿妩媚，一会儿性感，一会儿天真，百变的形象让男人看花了眼，从此跌入了温柔乡。但是，这样的女人在结婚后往往忽视了这些情调，她们不再千姿百态，而只是无休止地唠叨，结果让男人生厌。

对此，女人应该要找回恋爱时的感觉，不要觉得不好意思，在自己爱的人面前，还有什么难为情的呢？展现女性的魅力，唤回男人的爱。男人是单纯而微妙的动物，因为单纯，所以很容易安抚；因为微妙，所以只需要多用心，常说一些诙谐而有趣的语言，就可以察觉和洞悉他的心。

《红楼梦》第十九回写宝玉到黛玉房里，见她睡在那里，就去推她。黛玉说："你且别处去闹会子再来。"

宝玉推她说："我往哪里去呢？见了别人怪腻的。"

黛玉听了，嗤的一声笑，说："你既要在这里，那边去老老实实地坐着，咱们说话儿。"

宝玉说："我也歪着。"

黛玉说："你就歪着。"

宝玉说："没有枕头，我们在一个枕头上。"

黛玉说："放屁！外头不是枕头？拿一个来枕着。"

宝玉看了一眼，回来笑说："那个我不要，也不知是哪个脏婆子的。"

黛玉听了，睁开眼，起身笑着说："真真你是我命中的'天魔星'！请枕这一个。"

她把自己的枕头让给宝玉，自己又拿一个枕着。

林黛玉个性比较清高，但在贾宝玉面前，也会展现自己风趣的一面。抢枕头的事情虽然很小，他们所用的语言也是平日里的口语，但在两个相爱的人之间，却起到了"打是亲，骂是爱"的作用，而诙谐则成为示爱的一种活泼而随意的方式。

日子太过平淡，往往会让相爱的人失去了激情，他们逐渐变得平淡，再也回不到往日的活力。但偶尔的顽皮幽默就好像天空中闪烁的星星一样，哪怕只有短暂的出现，却可以唤醒爱的活力，迸发情感的火花。对爱人幽默的内在动力是宠爱、喜欢、愿意等情感，女人适当幽默确实是爱情甜美的秘诀之一，当两个人争吵时，适当幽默可以缓和气氛；当两个人甜言蜜语时，幽默可以让气氛更和谐。幽默的女人总是特别有女人味，但凡男人都喜欢风趣的女人。

好大的醋味儿，用幽默给它调淡些

在恋爱中，有些恋人经常吃醋，但未必知道"吃醋"的典故——一个重情痴情的典故。

唐太宗执政时，有一次要给宰相房玄龄赐一位美妾。房玄龄的妻子却说什么也不同意。

唐太宗得知此事大怒，并赐房玄龄的妻子一壶毒酒，让她自己做选择：是同意房玄龄纳妾，还是喝毒酒而死。

房玄龄的妻子毫不犹豫地接过“毒酒”一饮而尽，却没有一点中毒迹象。后来，大家才得知，唐太宗赐的只是一壶醋而已。

由此可见，“吃醋”本是对自己所爱的人，或是对其他异性交往的一种嫉妒所引起的不满。

事实上，在恋爱中，恋人吃醋的现象非常普遍。不过，懂幽默的人往往能将吃醋转变成一种情调，增强彼此的感情。

一对恋人去参加聚会时，女孩发现男友正在不停地用羡慕的眼光偷看身旁坐着的艳丽女郎。

于是，女孩便悄悄对他说：“你还是去和她说句话吧，要不别人会以为你是她未婚夫呢！”

在这个故事中，女孩运用的是一种钝化攻击，一下就将男友的失态唤了回来，男人自然会比较容易接受，同时，还能使自己的醋意变得更加温和、恬淡而富有情趣。

事实上，对吃醋的一方，完全可以借用幽默避其锋芒，转弯抹角地将对方的醋意弹压一下，这样既不会刺伤对方，同时也能消解对方的妒意，以维护双方的爱情。要知道，一方打翻醋坛子，无非是想表明自己的妒忌，却也能给爱情生活增添不少光彩。

有一对恋人一起去参观美术展览。他们走到一幅只有几片树叶遮掩着私处的裸女像前时，男友停在那里不想离开。

女友实在忍无可忍，便狠狠地揪住男友喊道：“喂！你是想站到秋天吗？”

这位将醋吃到画上裸女的女友，幽默神经可是够发达的。其实，我们在周围随时都能看到一些聪明的恋人如何用幽默的方式来表达爱情。

有一天，一个女孩去男友家里玩，不料竟在男友抽屉里翻出了一大沓美女照片，为此女孩很是吃醋。

而男友则是丢之不忍，留之不行，于是灵机一动，在每张照片背后写了一句："再美也美不过我的女友。"

女孩看后方才眉开眼笑。

其实，醋意谁都会有，无论是男人还是女人，都是一样的。若没有了醋意，那也就很可能失去了爱情，但倘若醋意大到敏感、猜疑、神经质，甚至影响到恋人间情感的程度，就不好了。所以说，醋吃得适量能开胃，吃多了则伤身。这一点需要男女双方好好把握。

一次，在电梯里，仅有3个人。男士目不转睛地注视着美丽的长发女郎，为此他的女友十分不满。

忽然，女郎转身给了这位男士一记耳光，并说："我教训你，是为了警告你下次不许偷偷捏女孩！"

随后，这对恋人走出电梯。这位男士很委屈地对女友说："可是我真的没有捏她呀！"

女友笑着说道："我知道，因为是我捏的她。"

在适当时，恋人之间若能经常开些小玩笑，便能丰富两人的感情生活。但这位女友的做法实在是太过幽默了，以至于让自己的男友白白挨了别人的耳光。试想一下，假如这位男士的脾气不好，那么两人必定会发生矛盾。

谁都有表白的权利，若不喜欢请婉言拒绝

任何人都有爱与被爱的权利，假如对方请人转告或暗示，希望和你建立恋爱关系，而你的心里对此人并不十分满意，那当然就要想办法拒绝。

需要注意的是，拒绝求爱的语言一定要恰当，最好能够委婉幽默，既要将自己的意思表达清楚，又要让对方没有心存幻想的余地，但不能太不近人情。特别是对身边的同事或同学，拒绝对方的求爱更应注意方式方法。假如你当时不加考虑，生硬地说“不”，那么若干年后，你就有可能会后悔，因为当初你拒绝的除了爱情还有珍贵的友情。

有一位漂亮的姑娘突然收到一封情书，看过之后，才知道是单位里表现一般的小林所写的。

“简直是癞蛤蟆想吃天鹅肉！”姑娘一气之下，便将情书贴到了单位食堂里。

为此，小林被羞得无地自容——原来想追求她的心，此时连想也不敢想。

10年以后，小林已经找到自己称心的伴侣并有了可爱的女儿。而那个漂亮的姑娘却因为眼光高，还是单身一人。

若你真的不喜欢对方，那么对于对方抱着谈情说爱想法的约会，

最好婉言谢绝，使其明白你的心思，并放弃对你的追求，但切勿伤害对方的自尊心。即使求爱者的条件和你所要求的相差甚远，你的拒绝也一定要委婉，这样对别人和自己都没有害处。

有一个小伙子当众向一位姑娘表达倾慕之心。

姑娘问："你真的爱我吗？"

小伙子："是的，我敢对天发誓……"

姑娘："那你用什么证明呢？"

小伙子："用这颗赤诚的心。"

姑娘委婉地说："对不起，你是唯'心'主义者，我可是唯'物'主义者啊！"

小伙子嘴里说的"赤诚的心"，跟唯心主义和唯物主义的哲学名词没有任何牵连。可姑娘在这里把它们生硬联系到一起，使人感到非常谐趣新奇之余，也将拒绝的意思传递给对方。

就像我们前面讲到的，有些人也会采用幽默的语言来求爱。在这种时候，如果被追求的一方要拒绝对方的求爱，更应该幽默以对——这样不仅能够达到自己拒绝的目的，而且还能让求爱者会心一笑。

护士曹颖长得漂亮又机灵，大家都很喜欢她。

这天下班，办公室年轻的张医生对她说："小曹，一起去吃饭好吗？我有一件非常重要的事想跟你说。"

曹颖马上就明白了"重要"的含义。她笑着说："好啊！我也刚好有事情要请你帮忙呢！"

张医生一听，高兴极了，满脸笑容，说："行，只要是帮你的忙，我绝对两肋插刀。"

曹颖又笑了："可没那么严重！不过是我男朋友脸上长了几颗青

春痘，我想问你怎么治疗效果更好一些。”

采用类似幽默含蓄的拒绝方法，一般情况下都很有效，能够使对方不损颜面地知难而退，再见面时也不会过于尴尬。在爱情的角力之中，被拒绝的一方免不了会有受伤的感觉。如果拒绝的一方能够主动安慰一下，那便再好不过了。

在拒绝一名男子的求爱后，漂亮的小姐安慰他说：“不过，你不必过于伤心，我会永远欣赏你的好眼光。”

以一种赞许的姿态来回应别人的爱慕，不仅是一种有良好教养的表现，也是一种十分得体的处世方法。拒绝别人是一种与人相处的艺术，拿捏好分寸是最为重要的。如果运用好幽默的权杖，就不会让对方感到难堪，并可以很好地表达自己的意思。

幽默让爱情升华，过度幽默则使爱情跌落谷底

那些足够幽默、风趣的人，总是能够让自己的恋人陶醉在爱河之中。但对初相识的人，一定要慎用幽默，因为，女性最迫切需要的是男性的“力感”。初交女友时，一定把握好幽默的分寸，只有将“力感”发挥到一定程度，且双方关系足够密切后，才可适当地使用幽默来增强美感，能取得更好效果。

一对恋人相爱很久，感情非常深。

有一次，他们一起看话剧。第二幕还没有开始，男孩就一本正经

地对女友说："还是别看了，咱们哪有那么多时间等啊！"

女孩十分疑惑地说："精彩还在后面呢，咱们又没有急事啊！"

男孩指着字幕，说："你看看，那不是说第二幕在一年后才演吗？"

女孩笑着轻轻捶打男孩。

假如男女相识不久，第一次约会看话剧，也来这么个幽默，对方一定会觉得那个男孩很不正常，或是认为他太幼稚做作了。

有一对恋人到商场去买兔皮大衣。女友非常喜欢那件黑色的兔皮大衣，但又担心它不能适应雨雪，便问男友："它会不会怕雨雪啊？"

男友十分幽默地说："当然不会怕，你看过哪只兔子下雨打伞啊？"

这句话一说出，便把女友和服务员都逗笑了。服务员还一直夸奖女孩的男友聪明风趣。这让女孩感觉脸上很有面子，并由此加深了对男孩的感情。

反之，若是刚认识女孩，这样说就有可能让女孩误认为男孩不够稳重、成熟，即便是服务员一直夸奖男孩，也会对他慎重考虑的。

处于热恋之中的人，要记得多利用幽默来给爱情加温，这样能营造出轻松愉快的氛围，使爱情生活更加富有情趣。只要你能挑动幽默这根弦，便可以和你的恋人奏出一曲和谐的恋曲。

宋代文人秦少游（秦观）与苏小妹曾有不少作诗联对的趣事，也可作为爱幽默的好例子。

入洞房之前，苏小妹故意刁难秦少游，于是便出上联"推门拥出天上月"，这下可把才子秦少游难住了。此时，苏东坡急中生智，将一块石块投入池中，秦少游顿时领悟，马上接出下联“投石冲开水底天”。

这种技巧型的机智幽默是很耐人寻味的。当恋爱到了一定程度，两人就会结婚。因此，洞房花烛时不妨幽默一下，以此来给爱情生活做个愉快的总结，给婚姻生活来个意味深长的开头，给幸福生活留下永不磨灭的记忆。

有相爱就有分别，幽默的人活得永远潇洒

失恋对人造成的创伤非常严重。生活中，有些人在失恋后做出一些极端的事情，选择轻生的人不占少数，更严重的还会拿出刀枪，以死相威胁，听来让人不寒而栗。分手已成事实，你已经失去了爱情，请努力保全你的尊严，莫让自己输得一败涂地。

我们不能否认，失恋的确让人痛苦万分，特别在自己不想分手，而对方坚决提出分手的情况下，就更不容易释怀。这种分手的失恋给人的感觉跟嘴里长了溃疡相差无几，越痛越想去舔，越舔却越感觉到痛。但是，无论如何你必须记住一点，失恋可以痛苦，可以难受，但千万不要让自己失态。我们可以失去爱情，但绝不能因此而在对方面前丢丑。

也许，被甩的瞬间让你觉得尴尬、觉得落魄，内心更是犹如万箭穿心一般，但不管怎样，都请你不要失了姿态。失意落魄不可怕，被

甩、被背叛也不可怕，可怕的是你在对方面前失了尊严、失了面子，让对方暗自庆幸，觉得离开你是件正确的事情。所以，分手时请不要难过，大大方方地幽他（她）一默，甭管是出于真心还是假意，都送上一句“祝福”，好聚好散，至少让彼此拥有一个美好的回忆。

李维萍的男友和李维萍相恋仅半年，就移情别恋，迷上了另外一个小女生。

为了给李维萍留些颜面，他模仿辞职信的样式，给她写了封分手信，请辞“情人一职”。

李维萍看到信非常难过，但男友是自己的属下，她不想因此失态。

后来，李维萍写了这样一封回信：

你好：

关于你请辞的提议，经过董事会开会讨论，以下决议事项向你说明：因你当初面试时的职务为情人，标准要求自然很高。尽管试用期你的表现不佳差点被开除，但念在你苦苦哀求且信誓旦旦地说明自己能够改进与胜任，才予以留任。如今你自愿请辞，董事会当然应允，但自动离职是没有遣散费的。假如你愿意，马上将你调转朋友部门，另施重用。

董事会成员代敬上

李维萍是公司女董事，而男友偏偏是其下属，如果在分手一事上有什么失态行为，日后很难在公司树立领导威严。于是，她也用回复职员辞职信的方式，给男友写了一封回信，并大方地表示可以继续做朋友，以此减轻对方的心理压力。对待分手有如此的度量，实属难得。

当然，这种分手幽默不是每个女孩都施展自如的，但直接拿来效仿也未尝不可。就算你无法表现出李维萍的气度，至少让对方明白你有一颗努力坚强的心。

失恋之后，人的幽默反应一般有三种。第一种，就是宽宏大度式的幽默，就像上面这位很有决断力的女董事李维萍，她能把“被甩”这件事等同于公司日常事务一样，大脑仍能冷静地保持正常运转，做出最合宜的反应，以寻求利益的最大化。当然，这考验一个人的理性程度，假如你不够冷静，头脑运转又有些滞后，也可以尝试另外一种途径，以自嘲为自己解决困境。

除了宽宏大度式的幽默之外，就是略带报复意味的小幽默了。分手可以接受，但会想办法让对方知道点厉害。下面给大家举个例子：

王丽丽的男友爱上了别人，提出要跟她分手。王丽丽真诚地表示挽留，竟然被断然拒绝，而且男友一点儿情面都没给她留。

几天后，王丽丽找了个借口约男友出来见面，然后大大方方地递给他一本包装精美的礼物，微笑着祝他幸福，然后潇洒地转身离开。

当然，给礼物时她要求前男友在自己离开后打开，因为那礼物是一本名为《自恋狂的自我检测》的书籍。

假如你觉得自恋狂之类的有些过火，也可以买本《坚决地和第三者说“NO”》《男人不该劈腿的N个理由》等。总之，书的名字最好有些讽刺意味。要是买不到称心如意的书，你也可以随便找本书，在封面贴张白纸，自己写个非常显眼且极具讽刺的书名。总之，你要让负心人在看到书名的一刹那，露出惊愕负疚的表情。当然，这类幽默的恶作剧千万不能失了分寸，假如幽默过火变成人身攻击，可就会降低你的水准了。

相比较来说，创造后一种幽默要更容易得多，因为气场氛围比较贴近。只要你曾经认真投入到一段感情当中，分手后自然会心痛到极致，脑子里很容易产生报复的想法：“我就那么好欺负？我一定要给你点儿颜色瞧瞧！”如果被这种情绪所控制，创造“恶作剧式”幽默的几率必然会高一些。

假如想让自己活得快乐、活得洒脱，我们就要学会放下一些已经不属于自己的东西。在谈及“幸福的秘史”时，著名影星英格丽·褒曼就曾幽默地说：“幸福就是健康加上坏记性。”你我都免不了有失恋的经历，与其沉溺其中让自己太累，倒不如学着宽容一点儿、豁达一点儿、健忘一点儿，也许下一段幸福就在拐角处。

Part 12
你的幽默，让家庭充满温馨幸福

一个幸福的家庭是离不开幽默的。家庭生活需要幽默，而家庭也是练习幽默的最佳场所。幽默对家庭成员的影响很大。它使生活充满了情趣，缓解了矛盾，使人们的生活更加和谐融洽。因为，幽默可以使家庭成员度过许多不顺心的困境，净化情绪气氛，消除郁积在内心的压力和紧张情绪，让家庭充满欢乐、温馨、和谐。

幽默的家庭成员，才不会有各种别扭

前不久，某大学社会学系经过抽样调查，在家庭生活中家庭成员的情感交流缺乏幽默感的现象非常普遍。在那些被调查的家庭中，妻子认为丈夫缺乏幽默感的约占 61.7%，丈夫则认为妻子少幽默的占 80.4%，而子女认为父母毫无幽默感的达 88%。当然，存在这样的现象，是因为中国传统文化对夫妻角色、父母子女之间的规范阻碍了家庭幽默气氛的产生，而家庭空闲时间的缺乏，以及家庭成员情感交流形式的单调和文化知识的水平限制等因素也使得幽默难以出现在家庭生活中。

一个幸福的家庭需要幽默感吗？看看下面事例，你就会找到最终的答案。

驾车外出途中，一对夫妻吵了一架，谁都不愿意先开口说话。最后，丈夫指着远处农庄里的一头驴说：“你和它有亲属关系吗?”

妻子回答说：“是的，夫妻关系。”

在一个家庭中，夫妻吵架是一种普遍现象，上至伟人，下至普通人都会如此。假如在争吵之时即兴说一两句诙谐的话，那就会让原本难堪的场面变得温馨起来。我们常说“夫妻之间没有隔夜仇”，其实，在更多时，那是因为幽默的豁达消除了两人之间的隔阂。夫妻之间的小吵小闹反而会拉近彼此的距离，同时还可以将内心不满的情绪宣泄出去。假如在这时以幽默对之，再加上机智的调侃，那会使双方的心灵得到净化，从而使得整个家庭更幸福。

“墨菲定律”也有这样一条：“妻子永远是正确的，如果妻子不正确，请参考第一条。”夫妻之间幽默的妙处在于可以恰到好处地表达自己怨而不怒的情绪。在这个过程中，有妻子对丈夫的抗议，也有丈夫对妻子缺点的抗议，而在幽默的问答中，不至于使对方恼羞成怒。可能是丈夫的无端猜忌，可能是妻子的唠叨，等，这些矛盾同样有可能发生在我们每个家庭中，有时却往往因为两三句出言不逊的气话加剧了彼此的矛盾。

杰克的妻子临睡前絮絮叨叨令他十分不快。

一天夜里，妻子又唠叨了一阵之后，吻别杰克说：“家里的窗门都关上了吗？”

杰克回答说：“亲爱的，除了你的话匣子外，该关的都关了。”

又如，新婚之夜，新郎问新娘：“亲爱的，告诉我，在我之前，你有几个男朋友？”

没想到，他换来新娘一阵沉默。

新郎想：生气了？过了片刻，他又问：“你还在生气？”

新娘笑着说：“没有，我还在数呢！”

许多夫妻都有这样的经历，那些没有理由的争吵似乎经常发生，吵到最后，他们往往不知道自己为什么而吵架了。有时候两个人之间的冲突一旦发生就会因愤怒而失去理智，甚至闹得不可开交。我们经常看到，看上去文质彬彬的两个人，经常会因为一些小事情在家里大动肝火，双方好像都失去了理智，专门说对方的痛处，唇枪舌剑，互相伤害。俗话说：“忍一时风平浪静，退一步海阔天空。”多说幽默的语言，少生气，不仅对身体有益处，而且还可以增进彼此之间的感情，何乐而不为呢？

有一位老板收到了一盆仙人球，秘书问他是不是太太送来的。

老板回答说是的，并解释说他俩大吵了一架，她可能是把这送来以表歉意。

老板让秘书把卡片上的话念出来给他听。原来，那上面用很大的红字写着：“坐在上面。”

一个幸福的家庭是离不开幽默的，家庭生活最需要幽默，而且家庭也是练习幽默的最佳场所。在家庭幽默中，我们要把握怨而不恨的情绪，在嘲讽中带着尊重和包容，那就一定可以取得预期的效果。

家庭生活中的幽默对家庭成员的影响是很大的，它使生活充满了情趣，缓解了矛盾，使人们的生活更加和谐融洽。夫妻之间的幽默是一种有安全感的表现，这会令夫妻双方都感到满足和愉快；夫妻之间的幽默是一种成熟人格的表现，轻松而不狂喜，遇险而不惊慌失措。这样的幽默可以使双方度过许多不顺心的困境，净化情绪气氛，消除郁积在内心的压力和紧张情绪，让家庭充满了欢乐、温馨、和谐。

幽默的语言，使家里的戾气化于无形

社会是由无数个独立家庭组成的，而夫妻无疑就是家庭的核心，夫妻和谐则是家庭幸福美满的基础。因此，只有让每个家庭都处于健康和谐的状态，社会才会更加稳定、平和。夫妻之间相敬如宾、情意绵绵固然令人羡慕，但若能在此基础上再加上幽默的成分，那就会起到锦上添花的作用。

在夫妻生活中，妻子对丈夫的态度与方式，会直接影响到丈夫的生活态度、工作状态及自信心状况。难怪很多企业家会这样说："假如我们想提升某个人，那么就会先调查他的妻子。"当然，这并不是说要调查他妻子是否长得漂亮或会做菜，而是调查他的妻子是否能使其充满自信。

一些企业老板说："妻子不仅要接受丈夫的一切，还要让丈夫的生活愉快，感到满足，且在丈夫回到家里时，替他装上自信的弹丸。这样一来，丈夫会想：'她如此支持我，可见我在她心中是有一定地位的，并不是一文不值。'因此，妻子若能爱丈夫，且信任他，他就会有'我一定能够做好一切'的自信，便能自信地接受任何挑战。"

一个能宽容自己丈夫的女人，也一定会倍加关爱丈夫。相反，假如妻子整天抱怨、唠叨，那她的丈夫就不会有斗志面对自己的工作与事业，还会因此失去自信心，并且随着自信和自尊的渐渐消逝，丈夫对待妻子的态度也会趋于冷淡，甚至导致夫妻间发生情感危机。

事实上，消除家庭紧张关系的方法有很多，幽默就是最好的选择。很多时候，幽默是缓解家庭矛盾的最好解药。

一对男女结婚多年，从没有发生过一点冲突。

有一天，妻子对丈夫说："你怎么总对我那么好啊？"

丈夫回答："和你结婚前，我曾请教过牧师，问他为什么对妻子那么好，他告诉我：'不要去批评你妻子的缺点或是责怪她做错的事。你要知道，就因为她有缺点、会做错事，所以才没有找到更理想的丈夫。'对他的这句话，我始终牢记着。"

丈夫所引用的话，意思就是说，要想成为妻子的理想丈夫，就不能随意地去批评妻子，这样夫妻之间才会恩爱有加。

如今，每对夫妻都有自己的事业与社交活动，且很可能都处于独立的状态，因而谁来做家庭的主导者就成为日益突出的矛盾，而这个矛盾会使彼此心灵之间的距离愈来愈远。但是，想解决它并不难，只要运用幽默，就能起到特殊的效果。

A："你在公司都负责什么事啊？"

B："在公司我是头。"

A："这我倒是相信的，那你在家里呢？"

B："当然也是头。"

A："那你夫人呢？"

B："她啊，她是脖子。"

A："为什么呢？"

B："因为头要想转动，得听脖子的。"

如此巧妙的回答，不仅能令人捧腹大笑，同时也间接地暗示出他对婚姻的满意，假如他的夫人真的像传闻的那样，那他就可能自我调侃不起来了。因此，人的精神状态好坏对发挥幽默是十分重要的。

当妻子因丈夫的某些不良行为而大发雷霆时，丈夫可以运用巧妙的幽默将这场暴风雨化解于无形之中，从而确保夫妻之间的良好关系。

有个酒鬼在外面喝多了酒，很晚才回家，但他忘了带钥匙，无奈之时，只得敲门。

妻子怒火冲冲地打开门说："抱歉，我的丈夫不在家。"

"那好吧，我明天再来。"

话说完，酒鬼装出转身要走的样子。妻子嗔怪一声，就把酒鬼丈夫拉进了屋。

此时，丈夫的幽默让妻子化怒为笑，以此来诱发妻子内心深处对丈夫的怜爱与尊重。这样夫妻两人就不会再抓住喝酒的事不放，而是去享受彼此之间的幽默情感。

有对夫妻吵架，妻子哭着喊着要和丈夫离婚。去法院的路上，他们要经过一条小河。到了小河边，丈夫快速脱下鞋子走到水中。妻子却一动不动地站在岸边，看着冰冷的河水，正愁怎么过去。此时丈夫回过头体贴地对妻子说："我还是背你过去吧。"

丈夫背妻子过了河。没走多远，妻子说道："算了，咱们还是回去吧！"

丈夫十分诧异："为什么啊？"

妻子低着头说："离婚回来，谁背我过河啊？"

通常在家庭中，妻子总会承担大部分的家务劳动，似乎这些都是妻子分内应该做的事。但话又说回来，丈夫也是家庭中的一分子，理应分担一些家务，可由于传统观念的影响，有的丈夫在家是什么都不做的，此时聪明的妻子就可以用智慧与幽默使其毫无怨言地加入家庭劳动之中。来看下例。

妻子说："老公，你能把昨晚换下来的衣服洗洗吗？"

丈夫说："不行，我还没有睡醒呢！"

妻子说："其实，我只不过是想考验一下你，衣服早都洗完了。"

丈夫说："其实，我也不过是和你开个玩笑，我非常愿意帮你洗衣服。"

妻子说："呵呵，我也是和你开玩笑的，既然你那么愿意，那现在就请你赶快洗去吧！"

而此时，丈夫就不得不佩服、欣赏妻子的幽默与情趣，从而高高兴兴地去干不愿意干的家务。

当然，假如妻子已经把衣服洗了，那幽默感就会更强，丈夫会因此而受到感动，往往会主动帮妻子做家务，这件事带来的不仅不是烦恼，反而会是一种快乐。

在我们周围，常常会听到有人说："家其实就是吃饭、睡觉的地方，和旅馆没什么区别！"这样的说法绝对是不正确的，因为旅馆里不会有家庭里的温馨和情趣。

一天，约翰再也无法忍受妻子无休无止的唠叨，便打算到旅馆去住几天。馆的老板热情地接待了他，并亲自将他引到一间房门前。

"先生，我可以向您保证，您住在这里绝对会有一种家的感觉。"

"哦，天啊！你快点给我换一间吧！"

这个幽默说明没有幽默的家庭还不如一间旅馆。

夫妻间的任何一方，若能用这种幽默的语言、行动与态度来对待家庭中的另一个人，就会使你的家庭远离无休止的争吵，远离沉闷压抑的冷战和空穴来风的猜忌。它就好比是家庭生活中的润滑剂，能让家庭永远沐浴在春风细雨中，从而使夫妻间的关系更加和谐美好。

恰当的幽默，让婚姻的歌曲更加美妙

爱是需要活力的。这种活力，除了爱本身所具有的之外，还需要双方通过自身的努力去增强。在幽默中增强爱的活力是不错的选择，因为幽默能使尴尬的场面瞬间化解，能使吵架的夫妻重新和好，能使爱情永远保持新鲜。

所谓“一日夫妻百日恩”，夫妻之间大多不会刻意计较对方，也不会在意对方的借口是否恰当。巧用一些听起来荒唐的幽默理由为自己辩解，要比一声不吭明智得多。

家不是讲理的地方，夫妻之间不需要过多的严肃、认真和正经的是非理论，反而是嘻嘻哈哈、胡说八道的歪理幽默必不可少。在多数幸福的家庭里，妻子或是丈夫恰恰是凭歪理、胡言的曲解幽默赢得了对方的欢心。

有一天，妻子嘟囔着对丈夫说：“你看看隔壁家的先生，每回出门都吻他的妻子，你就不能学学人家？”

丈夫说：“当然可以呀！不过，我现在和他家太太还不算太熟。”

妻子说：“那你还记得今天是我的生日吗？为什么不给我准备一

个礼物呢?”

此时，丈夫才意识到自己的粗心大意。但是，他立刻说出了一句漂亮的话：“亲爱的老婆，我原本不打算让你想起自己又老了一岁的。”

虽然幽默诙谐的语言不足信，却能在一定程度上消解妻子的怨气。

家庭是男人与女人用爱情建立起来的，同时又要靠爱情来维系的栖息地。夫妻之间的是非恩怨，不是只靠某种道理就能讲清的。因此，夫妻之间的某些行为也就不能轻易地用是非对错来判断，此时，歪理往往能产生幽默效果，缓解矛盾。

这么搞笑、幽默的化解方法，使这对夫妻的爱情显得那么活泼、有活力，足见他们夫妻间的感情很深。

其实，夫妻间调节感情的办法非常多，只要两个人用心去对待，那么什么矛盾都会被轻易地化解。尤其是幽默的运用，这不但能使气氛得到缓解，给人创造一种适合聆听的心境，而且能唤醒夫妻平时的默契，这种默契往往会很有效地消解矛盾。用幽默来处理夫妻间的矛盾不但效果明显，而且能让彼此间的感情加深。

傍晚，华灯初上，一对年轻夫妻并肩在街上散步。妻子说话的兴致很高，滔滔不绝，丈夫却有点心不在焉，时时无话可答。

猛然间，他打断了妻子的话题：“你知道你什么时候话最少?”

妻子茫然摇了摇头。

少顷，丈夫说：“二月份。”

“为什么?”妻子迫不及待地问。

“因为二月份只有二十八天嘛。”丈夫说完，抿嘴一笑。

妻子恍然大悟，笑着捶了丈夫一拳，反驳说：“谁像你，白天说的话不如夜里梦话多呢！”

这样的幽默无疑为爱情又加了一层蜜，这样的爱情想没有活力都难。

有时候幽默的力量使用得十分温和，我们可能觉察不到它。但是它的确使爱人的心情愉悦，这无疑有助于爱情的升华。散文家张小娴说：“两个人的结合，就像两首曲子交汇成一首，由于原先的曲调、节奏各不相同，所以需要两者的协调与合作，才能汇成一曲比原先任何一曲都好听的音乐，如果配合不当或失误，这首曲子一定比原先任何一曲都更糟糕。”所以，这需要两个人恰当地运用幽默，使两首曲子得到完美结合，唤起爱情的活力，使家庭生活永远朝着健康、高质量的方向发展。

教育孩子不是说教，也许一个笑话就告诉了他道理

在家庭教育中，什么样的方法是最有效的呢？当然是最适合孩子的教育方式。孩子天性喜欢玩耍。他们喜欢轻松、娱乐的教育方式。如果父母的教育既是快乐的又是有启发的，那么，他们就是乐于接受的。当然，他们最讨厌枯燥的说教。

因此，作为家长，以幽默的语言教育孩子，以娱乐教学为主，营造轻松活泼的家庭氛围，对孩子的教育就是最好的方式。

米哈伊尔的小儿子舒拉很调皮。

有一次，为了吸引家人对他的关注，他居然一口气喝了半瓶墨水。此时，家里人都急坏了：墨水进了肚子，那可怎么办？米哈伊尔母亲赶忙给医院打求救电话。

这时，米哈伊尔从外面回来了。看到这种状况时，他并没有慌张，而是平静地问儿子："你真的喝了墨水？"

舒拉一脸得意地把带墨水的舌头伸出来，还做了个鬼脸。

米哈伊尔转身去屋里拿出一沓吸墨纸来，对儿子说："这是吸墨纸，不让墨水留在肚子里，你把它们嚼碎了吃下去吧！"

一下子，舒拉就成为霜打的茄子——蔫了，再也得意不起来。

一场虚惊就这样在家人的嬉笑声中结束了。从那以后，舒拉再也没有做过这类强出风头的傻事。

米哈伊尔心里很清楚，墨水不至于让舒拉中毒，所以他就正好通过这次机会好好地教育一下儿子。米哈伊尔的幽默教育不仅让儿子认识到了自己的错误，而且还让他长了记性，从此再也不敢做类似的傻事，实在高明。

遇到像舒拉这样调皮的孩子，家长们总是备感头疼，而且经常对家里的调皮鬼无可奈何。在这种情况下，假如我们能利用合适的时机逗他一下，可能会在教育上收到事半功倍的效果。牛牛就是这样学乖的。

牛牛今年刚上幼儿园中班。

这一天，妈妈送他到教室门口时，他使劲抓住门框，不管怎样就是不肯进去。

这时，班主任胡老师走过来，笑着对牛牛说："我就知道牛牛最喜欢咱们这教室门框了！摸久了，门框会害羞呢！快进来吧！”

听了老师这一句话，牛牛高兴了，笑嘻嘻地走到自己的座位上。

胡老师的幽默话语不仅把想撒娇而又未能撒娇的牛牛给逗乐了，而且还让他乖乖地走进教室去学习。胡老师这种幽默的教育方式是值得我们每个家长学习的。

父母对孩子既不能过于溺爱，又不可以过于强硬。在教育孩子的过程中，应多使用一些幽默的方式，因为这样不仅可以让孩子在愉快中学到东西，而且还能让孩子养成活泼开朗的性格，给家庭生活增添更多的乐趣。

梁启超是近代史上的一位巨人。他的聪慧早在幼年时期就已表现出来，而这正是得益于父亲对他的正确教育。

梁启超10岁时的一天，随父亲到朋友家去做客。刚进院里，他就偷偷将一枝蓓蕾初绽的杏枝折下，掩在宽大的袖袍里。没想到，他的这一举动正巧被父亲和朋友的家人看见。父亲虽平时教子甚严，此时却不便当面指责。

之后，酒筵上父亲总为儿子这件事惴惴不安，并不动声色地暗示儿子。他父亲当众说：“开宴之前，我先出对联，若谁能对出下联；方可举杯畅饮，要不就只能为长辈斟酒沏茶，不准落座。”

他略加思索后，做出上联：“袖里笼花，小子暗藏春色。”

顿时，梁启超心中一凉，有所领悟，但也并未失色，随口就对出下联：“堂前悬镜，大人明察秋毫。”

父亲面对儿子的不雅之举，不是当面点破，而是采取了文雅、含蓄的方式来对其表示批评。此举可说是一箭三雕：既暗示出批评，又不让孩子当众出丑，同时还显示了严格的家教。

当然，我们不能要求每位父母都像梁启超父亲一样饱读诗书，但有一点不难做到：用幽默的态度、方式对待孩子，并帮助他们克服自身的缺点，使错误得以改正。

长辈也不要总端着，该幽默时放开了

父母总是喜欢孩子的，无论孩子成就多大、本领多强，负责任的父母若一旦发现苗头不对，都应该及时指出。

一个企业家得到过各种国际大奖，在她事业达到巅峰时，有一天陪同其母亲到一家五星级的饭店用餐。现场，有一位技艺高超的萨克斯手正在为大家演奏。

企业家欣赏之余，想起当年自己也曾学过萨克斯，而且几乎为之疯狂，便对母亲说："做企业没劲透了！假如当初我好好学萨克斯的话，现在也许就可以在这儿演奏了。"

"是呀，孩子，"她母亲说，"不过如果那样的话，你现在很有可能就不会在这里用餐了。"

在现代家庭中，很多年轻夫妻都习惯将孩子交给爷爷、奶奶，或是外公、外婆来带。这时，长辈对晚辈的一些不好直接言说之事，就可以使用幽默来应对。

有一位老人有4个孙儿女，孩子们经常被送来交给她照管。

她对儿子和儿媳说："孙儿们在我这里，会带给我双重快乐！"

儿媳问：“怎么说呢？”

老人说：“他们来时，我很高兴；他们走时，我也很高兴。”

这位老人用幽默、含蓄的方式表达了她对儿子、儿媳不照看孩子，总将孩子交给她来照管的不满。

在家庭成员的角色中，岳母往往会被塑造成某一种刻板类型，她们自己也很清楚这一点。

有一个女人，她女儿刚刚结婚不久，且是嫁到外地。有人问她：“你不去看看女儿和女婿吗？”

她幽默地答道：“现在不去，我想等他们生了小宝宝以后再去。因为我觉得祖母要比岳母更受欢迎！”

她将自己的想法幽默地表达了出来。要想营造两代人之间和谐融洽的关系，首先就要加强彼此间的情感交流。然而，一些做父母的为了在子女面前保持威严的形象，总是表现得不苟言笑，更不用说对子女表达自己的爱意了。

此外，长辈对晚辈除了运用这种平和的幽默方式，还可运用一种“打是亲、骂是爱”的幽默方式。

科卡在里海大学读书时，是 800 多名毕业生中的第 11 名。毕业之后，他又被送去攻读硕士生，并如愿以偿地进了福特公司。

他父亲十分高兴，说：“你在学校读了 17 年的书。如今，考不上第一名的笨蛋，现在是何种情况？”

父亲在笑骂中表现出自己对儿子如今的表现与成就的满意和自豪，且对儿子的未来充满了信心。

其实，父母对子女运用幽默的机会有很多，关键就在于要有一种平等的观念与态度。尽管父母对孩子拥有监护权，有责任和义务去管教，但关键是要让孩子明白事理。要知道，打骂、训斥不仅达不到教育目的，还会伤害子女的自尊，使其产生逆反情绪，这样就更不利于子女的成长与发展。此时，可运用幽默的方式对其进行教育。请看看下面的事例。

有一家人在吃饭时，儿子感慨地说："外国人就是比中国人文明，用餐就能体现出来。看人家外国人用的都是金属刀叉，而我们中国人用的却是两根竹筷子，这明显是缺少分量。"

父亲听后很生气，但他并没有发火，说道："这个问题很好解决。"

随后，父亲拿起火钳，塞给儿子说："那你用这个吃吧，也是金属的，分量也肯定够！"

这位父亲并没直接训斥儿子崇洋媚外，而是巧用幽默来对儿子进行曲意的批评，从而使其更易于接受。

让婆婆对你没意见，就让婆婆多笑笑

在家庭关系当中，婆媳关系是最难处理的一种。作为男人最亲密的两个女人，潜意识里往往有一种"争抢"的心理，相处起来很难。当然，作为儿媳，如果平时嘴巴甜一点，说话幽默一点，乖巧一点，更容易得到婆婆的疼爱，起码也能得到丈夫的理解和尊重。

没有人不喜欢别人的夸奖，对于她儿子的夸奖，更是对做母亲的最好最直接的恭维。当然，这样的夸奖是需要融入风趣语言的。在婆婆面前，多说老公的好话："小刚特别知道上进，特别有出息，现在已经是部门经理了，我现在走出去都带风，可得好好感谢感谢您！"不过，也可以说点风趣的话，说说老公的小坏"妈您看他，也不让着我点，今天终于让我找着靠山了，看你在妈面前还敢欺负我！"这样略带幽默的小撒娇，往往更能让婆婆感觉到你女儿般的娇憨和对她的依赖，你们之间的关系也会更加亲密。

与婆婆聊天，我们不要那么紧张，放松自己，多运用幽默的语言，多和婆婆拉拉家常。说说她儿子、她孙子孙女的事情，老年人会更高兴。老年人社会交际较少，消息也比较闭塞，她们感兴趣的话题往往围绕着自己的身边人，尤其是她的两个"小心肝"，更是一刻放心不下。如果有一个较开朗的婆婆，她往往还会对街头趣事，电影情节，毛线花色，衣服式样，老年娱乐活动等感兴趣，如果能找到对方喜欢的话题，和她常常聊聊天，也能让婆媳之间关系更融洽、更亲密。

在《红楼梦》里，凤姐可以说是一个幽默而聪明的女人。我们来看看她是如何讨婆婆欢心的：

贾母曾说起自己年轻时摔过一跤，鬓角上那指头顶大一块窝儿。按说，这是贾母的身体缺陷，一般人是不敢拿这个说笑的。凤姐却能够化腐朽为神奇："那时要活不得，如今这大福可叫谁享呢！可知老祖宗从小儿的福寿就不小，神差鬼使碰出那个窝儿来，好盛福寿的，寿星老儿头上原是一个窝儿，因为万福万寿盛满了，所以倒凸高出些来了。"这话说得贾母十分高兴。

有一次玩牌，凤姐通过鸳鸯的暗示，早已知道贾母需要什么牌，却先装模作样地算计一番，把那牌打出去，然后赶紧往回抢，说“我出错了”——一是继续装腔，使戏演得更加真实，二是提醒贾母，你要的牌来了。果然贾母赶紧说“你敢拿回去”，赢得非常高兴。凤姐还假装抱怨了半天。

可见，要想哄人高兴，就要想方设法地使人觉得自己比谁都聪明，最大限度地满足人的虚荣心。

宝钗说：“凤丫头凭她怎么巧，巧不过老太太去。”这一半是宝钗讨好人的手法，另一半也是凤姐装出来的。

揣摩婆婆的心思，对媳妇而言也非常重要，只要把婆媳关系搞好了，整个家庭就会幸福了。其实，婆婆需要哄，人都喜欢听溢美之词，婆婆听了自然也会高兴。只要儿媳平常能有意识地这样做，婆媳关系也会变得越来越和谐。

老人经常说的一句话叫作“生在新中国、长在红旗下”，吃苦耐劳、勤俭节约、团结友爱以及牺牲精神，也可以概括为“雷锋精神”，这些品格几乎是我们的父辈这一代人共同的时代品格，具有时代的烙印。

作为媳妇的“80后”，是长在改革开放时期，吃的穿的都不发愁了。受到了更多的教育，我们这一代和老一代的差距是不言而喻的。

有这样一个故事：

身为数学老师的婆婆喜欢讲一个“省”字，省水、省电、省钱、省粮食，因为她不爱浪费，喜欢节省，所以她有一个外号——“省长”，还是儿子给她起的。

儿子跟他媳妇说：“我妈是‘省长’，我妈到咱家之后，一定会处处节省的。”

未雨绸缪，做丈夫的还没等母亲驾临，就先给儿媳妇打一个预防针，以免产生矛盾。

“省长”母亲和她丈夫来到儿子家以后，矛盾真的发生了。但是，儿媳妇是一个聪明的女人，来了一个软着陆。

有一天，婆婆对媳妇说：“窗帘脏了，地也脏了，咱们一家人彻底做一次大扫除。”

儿媳妇在公司里忙了一周，双休日好不容易可以放松一下，她可不想把自己变成打扫卫生的“灰姑娘”。

于是，她赶紧跟婆婆说：“妈，我来打扫卫生。您去超市，看看有什么便宜货没有?”

婆婆很高兴地走了，媳妇赶紧叫小时工来把一切都打扫好，最后把窗帘拿下，让小时工送到洗衣店。婆婆回来一看收拾得这么干净，惊讶地说：“我刚去了一会儿，你怎么收拾得这么干净?”

媳妇实话实说：“刚才我请了一个小时工。”

婆婆一听就急了：“年轻人，真是败家，我这一走，你又浪费了这么多钱。”

儿媳妇摸透了婆婆的心思，她说：“妈，我给你讲一讲，人家那些小时工，有的是下岗工人，有的是来城里的打工妹，有的是家里比较困难的，还有勤工俭学的女学生，这些人挺困难的。我们现在不困难，可以请他们做做。如果不让别人做，人家没有生意了，人家吃什么，请人家做事，也算帮助她们了。”

婆婆一听也有道理，看婆婆不反对，赶紧说：“妈，你平常不是总是捐钱吗？这也算是儿媳妇替你做了善事，好不好啊?”

这样一来，婆媳之间不但没有产生矛盾，婆媳之间的关系反而更加融洽了。

可是，如果媳妇摸不透婆婆的心思，见婆婆反对请小时工，她说：“别那么抠，您干吗呀，那么大岁数了。”

同样的一个意思，但是这样的话就非常难听，惹得婆婆不高兴：“你怎么训我，我还轮不到你训呢！”如果这样一来，婆媳之间的矛盾就会不可避免地爆发了，所以摸透婆婆的心思很重要。

往往婆媳都有一种误区，认为都进了一家门了，都是一家人了，随随便便地说话也没有什么，尤其是性格爽朗的老人更是随便，觉得不必讲究。

实际上，世间万物中，人最复杂，如果我们有好的理念，心里想的就是要把人际关系搞好，我们就会有很多方法处理。如果我们是很随便地待人接物、说话，脑子里没有这个思想，就会产生很多不同的说话方式，引起很多不必要的矛盾。

世界上没有一百分的婆婆，也没有一百分的儿媳。假如婆婆是50分，儿媳也是50分，那么我们可以做一个加减法，如果合在一起，加起来就是百分百的婆媳关系；如果减没了，关系也就彻底终结了。我们要明白这种加减法，婆媳之间如果互相指责，就是在做减法，今天减一分，明天减一分，家庭的甜蜜就这样一点一滴地被减掉了。如果婆媳之间互相理解和善待，就像是做加法一样，幸福家庭也就是这么一点一点被建立起来的。

在家里，婆婆如果年事已高，身体不好，就要对对方多一些关怀或体贴，忙时打个电话，问候一下，闲时常和老公回家，问问公婆的身体，和他们讨论一下健身和保健品的话题，多提醒对方注意保暖、注意休息之类的，婆婆的心里也会热乎乎的。平时多体贴一下：

“妈，今天我做饭，您也放一天假歇一歇”、“您有老寒腿，爸风湿也不舒服，这两天你们别出门了，有什么事让我和东子帮您跑腿。”几句诙谐的话说了，在感激之余，你们的关系就更加亲近。总之，只要用心经营，言语之间少一些生疏冷漠和怠慢，多一些体贴和关爱，婆媳之间的关系也可以处得很好。

幽默，是一个家庭幸福的润滑剂

在任何时候，幽默都是一种才华，一种智慧，一种力量，更是烦闷生活的调剂品。而对于每一个温馨家庭来说，也是必不可少的和谐剂，因为它以愉悦的方式表达了真诚大方，使本来安静的生活充满了激情，使本来平淡的日子焕发出不一样的色彩。老舍先生也忍不住赞赏：“幽默者的心是热的。”在彼此组成的家庭里面，有的人发现相爱容易相处却很难，日常生活中常常因为一点小事就批评责备对方。

此时，如果能以幽默诙谐的语言来代替责备，那么不仅可以准确地传达你所想表达的意思，还更容易让对方在愉快中接受你的建议。有人抱怨家里整日战火不断，但究其原因都是一些鸡毛蒜皮的事情，它们就像是导火线，一旦被触发就引来一系列的冲突和矛盾，也破坏了原本深厚的夫妻感情。

那些富有幽默感的人家庭就显得格外和睦，幽默在无形中增进了你与对方家人的关系，改变你自己，帮助你战胜来自人生的种种压力，还可以使对方更加喜欢你，信任你。幽默，让家里变得更加和谐温馨，在愉悦的家庭氛围中，彼此更容易发现幸福生活的美好，也更容易获得家庭的幸福。在家庭生活中，舍弃那些冷冰冰的笑容、客气的语言，以幽默来取而代之，你就会发现幸福是一件多么容易的事情。

莎士比亚说："幽默和风趣是智慧的闪现。"生活如果离开了幽默，就会少很多的欢乐。在餐桌上，每一道菜肴都需要"调味品"才会显得更美味，这就如同每一个家庭都需要幽默才会更加温馨快乐。

对于每一对夫妻来说，幽默是一个不可缺少的重要内容。实际上，幽默可被称之为表现两个人之间和睦的工具，那本难念的经也会变成美妙的和谐曲。

有一对夫妻，他们喜欢用幽默来代替一切责备或者争吵。

刚结婚时，两人因为琐事而争吵了起来，太太忍不住叫了起来："我要跟你吹了。我要去收拾东西，离开这里去母亲那里。"

"很好，亲爱的，车费在这里。"先生拿来车费。

太太接过钱，突然说："我回来的路费怎么办？"

两人"扑哧"一笑，化解了争执。

每天出门工作之前，先生都有喝牛奶的习惯。有一次，太太因为忙于工作，连续三天早上都忘记了给先生出门前准备一杯牛奶。先生也不作声，也不责备，照样还是认真地出去工作。一直到第四天早上，她才想起来，愧疚地向先生道歉。

先生也幽默地说："我想忘记一天也是情有可原的，连着三天都忘记，我以为你要给我'断奶'呢！"

妻子听后，哈哈大笑，事情就解决了。

幽默是家庭生活的和谐剂，它轻松地驱散了天空中的阴霾，给紧张的家庭生活带来和谐温馨。当生活中多了一些幽默感，我们就会在愉悦的家庭气氛中忘记了生活的紧张和压力，忽略了之前所存在的种种争执。幽默是人生的润滑剂，两个人在日常生活中若是恰到好处地使用幽默这一法宝，不仅可以活跃家庭气氛，增加生活乐趣，还可以拉近彼此之间的感情距离，促进家庭和谐。所以，舍弃那些直接的批评、冷淡的语言，选择使用幽默的语言，用幽默的力量来驱散烦恼，给家庭带来温馨与幸福。

在日常生活里，男人大多喜欢看体育节目，可女人不喜欢，如何让妻子陪自己看足球呢？下面我们就看看这位先生怎样利用足球来制造幽默的。

有一对年轻的夫妇，丈夫爱看球赛，妻子喜欢电视连续剧，可是家里只有一台电视，所以要达成共识并不容易，多数情况都是丈夫主动做出让步。

不过，这位丈夫还挺有心智，平常一有机会，他就向妻子宣传体育知识，聊聊球赛趣闻。久而久之，妻子的兴趣也就被他调动起来了，偶尔也跟他一起观看体育比赛，那真是夫唱妇随了。

又到了四年一届的世界杯足球赛，妻子整个人都被精彩的比赛吸引了，这时，丈夫才煞有介事地对妻子说：“看你现在的高兴劲儿，我想起了一句老话。”

“什么话？”

“知足常乐！”

“为什么会想起这句话呢？”

“知足常乐嘛，就是知道足球以后，就会常常乐了呗！”

丈夫的调侃多么富有情趣啊，这样的生活才称得上琴瑟和谐，才是永葆新鲜的相处之道。当然，夫妻间的幽默随处可拾，生活中的很多事物都可以为两人增添情致。

千万不要因生活中的琐事而烦恼，也不要抱怨婚姻生活充满了“柴米油盐”之类的事情，并因此而不再浪漫鲜活。生活处处都有幽默，关键是你有一双怎样的眼睛。

如果家庭成员多了几分幽默感，那么无形之中就多了一些快乐，少了一些烦恼；多了一些轻松，少了一些摩擦。也许，就是那看似一个逼真的笑容、滑稽的表情、自嘲的话语、讥讽的变调等，它们都作为幽默的一种方式爆发出巨大的力量。那时，彼此之间再也感觉不到剑拔弩张，再也没有战火，只有温馨和谐幸福。因为在很多时候，与直接提出意见相比，幽默更具有亲和力，也更容易让人在愉快中接受。